劇場版 おっさんずラブ LOVE or DEAD オフィシャルBOOK

2019「劇場版おっさんずラブ」
製作委員会

マガジンハウス

「神様、あの日誓った
〝永遠の愛〟とは
一体、何だったのでしょうか?」

上海勤務を経て、香港に来て半年。
――再び東京に戻ることになった。
送別会で盛り上がり、盛り上がりすぎて――
見知らぬ外国人と…!?

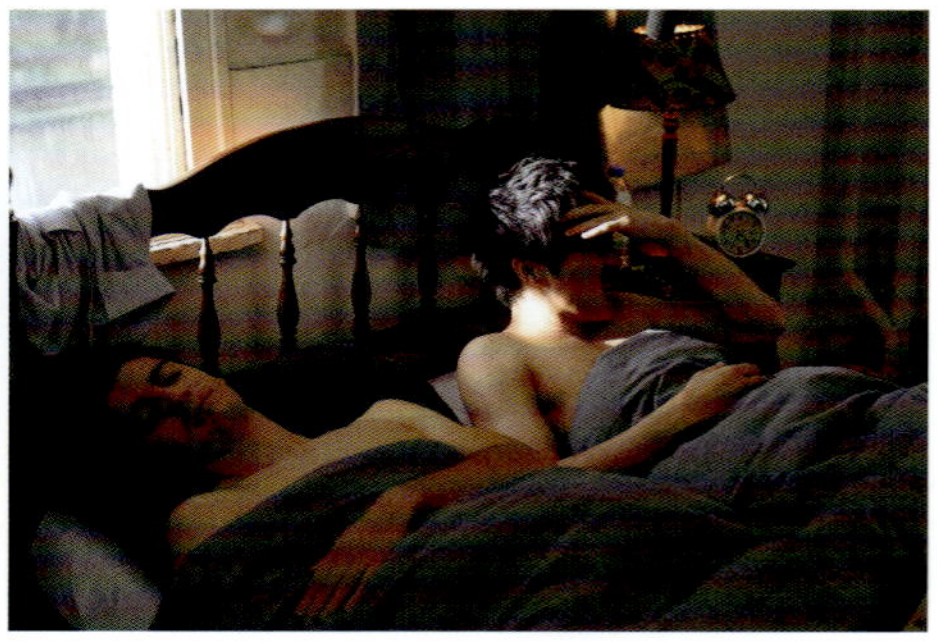

ラブ・バトルロワイアル開幕!?

あーーーーっ!

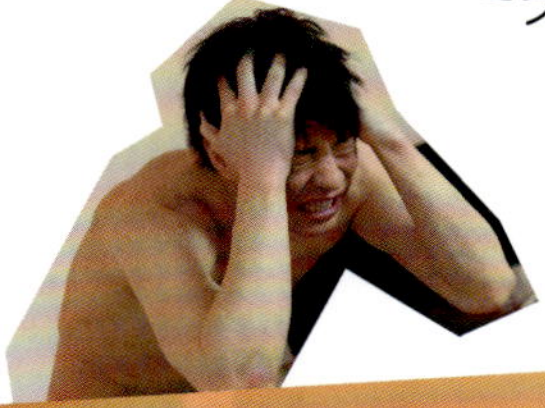

「東京ベイ・ラピュータ計画」をめぐり
本社との対立、
そして事件に巻き込まれていく……

楽しみにしていた花火大会。
幸せも束の間、素直に
なれないふたりは…

「もういいや……別れようぜ」

「……そうですね
今までありがとうございました」

「カッコ悪いところも
全部見せ合えるのが、
本当の愛
なんじゃねえのかよ」

「牧と、死んでも
一緒にいたい」

「……俺も、
春田さん
じゃなきゃ嫌だ」

Love forever

劇場版 おっさんずラブ LOVE or DEAD オフィシャルBOOK

Contents

特別付録
OLメンバー
特製
フォトカード

COVER STORY

写真／酒井貴生

オフィシャル本のためだけに撮り下ろされた奇跡の1枚

映画撮影も佳境を迎えた4月某日。その日は、天空不動産第二営業所でのシーンがあり、全キャストが集合。多忙な撮影の合間を縫って、オフィシャル本のスチールに臨んでいただきました。多くのスタッフや関係者が見守る中、いざスタート。カメラマンが軽快にシャッター音を鳴らす中、突然、鈍い音とともにスタジオ内は真っ暗に。締め切った室内で慌てふためく私たちとは正反対に、暗闇の中、一切の言葉を発せず、静かに待ち構える5人。ようやくスタジオ内の電源が回復し、明かりがパッと灯ると「さもありなん」といった涼しげな顔をした5人の姿が！ まさにその時、「神5」とうっかり声が出てしまったのは言うまでもありません。撮影は無事再開。オフィシャル本独占での撮り下ろしが実現しました。

吉田鋼太郎（黒澤武蔵）

連ドラで繰り広げられた切なくも愛しい三角関係が
劇場版でさらにスケールアップ。『おっさんずラブ』
の核を担ってきた3人によるクロストークは、
クランクアップ直前に行われました。
ゴール間近、ただただお互い
へのリスペクトと愛で
あふれていました。

林遣都（牧凌太）

田中圭（春田創一）

3人が奏でる愛のカタチ

Kei Tanaka
×
Koutaro Yoshida
×
Kento Hayashi

まったくモテなかったポンコツサラリーマンに
突然のモテ期到来

乙女な上司からの
猛烈アタック

ピュアなおっさんと
ドSなイケメンの
恋のバトルが勃発

届かぬ愛
すれ違う思い、
人を好きになるとは……

さまざまな試練を乗り越えハッピーエンド、
のはずだった——

すべてのシーンで戦っていた気がする

田中　終わるのは寂しいです！　さっきラストシーンの撮影をしてきたのですが、今日で最後だと思ったら"おセンチ"になってしまいました。

林　眞島さんをはじめ天空不動産のメンバーが次々とクランクアップを迎えていくようすを見ると、やっぱり寂しい気持ちになります。

吉田　短い撮影期間で集中して取り組んできたけれど、いざ終わりそうになると「もっとこうしておけばよかった」なんて反省点も出てきていて、僕はもう一回撮影したいくらい(笑)。あくまで「僕は」ですよ。ふたりはどう？

田中　むしろあれだけやりきった鋼太郎さんがそう考えていたんだってことにびっくりです。眞島さんも、「この作品がどう受け止めてもらえるかはわからないけれど、後悔はない」とおっしゃっていて。僕から見たら全員、自分の持てる力を出し切っていました。

林　連ドラが終わった後、充実感と心地いい疲労感があったのですが、劇場版もそのくらいの気持ちで終わりたいと魂を削って芝居しましたし、実際にそう終われそうです。

『おっさんずラブ』の現場は、アドリブを仕掛け、仕掛けられるのが当たり前。劇場版の撮影も変わらず。

田中　劇場版から参加してくれた志尊くんは「この現場、すごいですね。みんなで戦っている感じがあります」と言ってくれたんです。僕ら3人は「帰ってきた」という独特な安心感があるけれど、志尊くんの目にそんなふうに映っていたならそれは嬉しいこと。

吉田　志尊くんはすぐに溶け込んでくれたよね。沢村さんも初日から臆することなくぶつかってきてくれて、本当にすばらしかった。

田中圭の「受け」の芝居がキャストを自由にした

初参加のキャストが伸び伸びと自由に芝居ができる現場。その空気を作り出したのが田中さんだ。

吉田　圭はどんな芝居をやっても、ひとつも取りこぼさずに「受け」てくれる。ドラマから培った、絶対的な安心感があるんですよ。

林　僕も改めてそう感じています。連ドラの序盤は、芝居を一方的に"ぶつける"感覚があったのですが、圭くんはぶつけたものをちゃんと受けつつ、返してくれるんです。その信頼があるから、映画では試行錯誤をしながら、じっくりと芝居をつくっていける空気感が最初からありました。

田中　このふたりは、本当に何をしてくるかわからない(笑)。アドリブに関しては、事前に打ち合わせなんてないし。でも僕は、ふたりをはじめ、出演者とスタッフたちを信頼している。そこは圧倒的に大きなこと。誰だってめちゃくちゃやるのは怖いけど、この現場では誰も置きにいく芝居はしない。たまに(金子)大地がやるくらい(笑)。

チームで手にしたのは、揺るぎのない信頼関係

田中　ふたりと一緒にやっていると楽しくて、他の現場が物足りなくなるくらいクセになるといいますか(笑)。人となりも大好きだけど、やっぱり芝居をしていてわくわくできる存在。

吉田　遣都は、イマドキ少なくなってしまった憑依型俳優。ぜひこのまま続

“古い言葉かもしれないけど、圭は役者バカなんですよ”
—— Koutaro Yoshida

“鋼太郎さんの芝居に背中を押されて牧になれました”
—— Kento Hayashi

“このふたりでないと味わえない楽しさがある……好きです！”
—— Kei Tanaka

けてほしい期待があります。圭は……色気があって可愛いくて、人柄がいいというのは誰もが言うだろうけれど、僕からしたら愛すべき絶滅危惧種の役者バカ、ですかね(笑)。役者バカの芝居は、ずっと頭の中に残っていて、ふとした瞬間に思い出す。家に帰ってから「アイツ、バカだなぁ」って泣けてきたりするんですよ。

林　僕は圭くんの素敵なところが、春田さんにつながっていると思っているんです。愛情深くて、飾らなくて、嘘がない。みんなを愛して、みんなに愛される人が現場の舵をきっているからいい作品ができる。その背中を近くで見させてもらっています。通常あまりモニターを見ないのですが、鋼太郎さんの芝居は毎回見ちゃいます。劇場版でまた牧として戻ってくるときに、道標になったのが鋼太郎さんのお芝居でした。春田さんのことを純粋に愛する部長の姿を見て、僕も素直に春田さんを愛そうと思えました。本として読むとめちゃくちゃな展開も鋼太郎さんが演じると笑いの向こうに深いものがあり、さらにその先に笑いがあるんです。

田中　僕も普段あまりモニターチェックをしないんです。でも、この現場だけはどんなシーンになっているか見たくなる。台本で決められた大きな枠の中におさまりながら、芝居が10倍くらいに膨らんでいくのは興奮します。

吉田　この作品の面白さはさじ加減にあると思っています。コメディでありながらリアルに落とし込めているのは、できる限り真剣に、茶化さず、ふざけず、命がけでやっているから。一見、楽しそうにやっているように映るかもしれないけれど、みんなかなり真剣です。本気から生まれるおかしみ、面白

みは、田中圭という絶対的な「受け」があって成り立っていると思います。

連ドラから劇場版へ。シリーズを通し、改めて感じたこと、得たものとは。

吉田　内容はおっさん同士の恋愛だけど、人を好きになること、恋愛に決まりはない、自由でいいんだってことは伝えられたんじゃないかなと思います。

林　この作品はどのキャラクターも人間味があって、ちゃんと生きているんです。それは、みんながいいところも悪いところもさらけ出し、役を生きているからだと思います。

田中　僕は、すべての現場がこのドラマみたいな雰囲気になればいいなとずっと思っています。遺都が言うように、みんながなれ合いではなく本音をさらけ出しているからこそ、立場関係なくチームとして信頼関係が築けた。このチームなら作品のテイストが変わったとしても勝負できる自信がありますね。

田中 圭―吉田 鋼太郎

林 遣 都

3人が奏でる愛のカタチ

Kei Tanaka
×
Koutaro Yoshida
×
Kento Hayashi

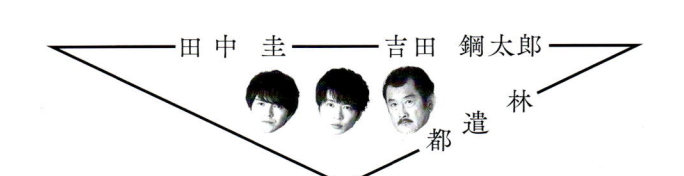

special interview 1

田中 圭

Kei Tanaka

春田創一

Sohichi Haruta

ガサツでずぼらなのに、否応なしに愛されてしまう〝はるたん〟こと春田創一役を真っ直ぐに演じきった田中圭さん。「悔いはありません」と言い切れるほどに濃密だった撮影の日々を振り返ります。天性の〝人たらしっぷり〟は劇場版でも健在。

Kei Tanaka

1984年7月10日生まれ。東京都出身。2000年に俳優デビューし、03年のドラマ『WATER BOYS』で注目を集める。出演作に大河ドラマ『軍師官兵衛』、『図書館戦争』シリーズなど、ドラマや映画、舞台など幅広く活躍。

1 春田創一

田中 圭

役者にとって理想のカタチが『おっさんずラブ』に息づいている

もう無理、ギブアップやりきりました!

映画を撮り終えた感想をたずねると「ものすごく楽しかった」と、クシャッとおなじみの笑顔を見せた。

「撮影中は、他の作品と重なったこともあり、正直きついと思ったこともありました。それでも全員が持てる力を出し尽くして臨んだので、悔いはまったくありません。でも基本的に自信はないんです、常に。ただやれるだけのことをやったので、もはや自信があろうがなかろうが関係ない。瑠東監督も撮影が終わったあとに『これ以上のものは俺には撮れん!』と(笑)。僕も同じで『もう無理、ギブアップ』っていうのが本音。やりきりましたから」

連ドラから約1年ぶりに、吉田鋼太郎さん、林遣都さん、天空不動産のおなじみのメンバーが再集結。

「(林)遣都はものすごく意気込んでいる様子でなぜか僕がハラハラしていましたが、撮影がはじまるとさすがですね、意表をつく芝居の連続でした。普段から、僕と遣都って噛み合わないことが多くて(笑)。映画でも『なんでそんなアドリブするの?』と何度も驚かされました。例えば僕の髪の毛にきんぴらごぼうがついていて、それを取るシーンがあるんです。その後、僕がセリフをしゃべっているのに、取ったきんぴらごぼうを口の中に入れて食べさせてきたりするし(笑)。お互いがちょっとズレてる感じが、作品の中での春田と牧のもどかしい関係性にも通じる部分があるんじゃないかと思って演じていました」

アドリブの応酬は、もはや『おっさんずラブ』のお家芸。現場ではスタッフを巻き添えにして笑いが起こることもよくある光景だそう。

「部長(吉田鋼太郎)とジャスティス(志尊淳)とのゆで五郎でのシーンで、本番、部長が突然、ジャスティスをビンタしたんです。それがとても面白くて、シーンの最後に僕が小麦粉を頭からかぶるってオチがあったのですが、それがかすむほど(笑)。僕が粉をかぶる必要ってあったのかな?と今も思っています。鋼太郎さんが仕掛けてくる笑いは、何回リハを重ねても慣れなくて……僕だけじゃなくカメラマンも笑っちゃって、画面が上下に揺れていましたから(笑)。もはやアドリブというよりは、真面目で本気な悪ふざけ。その最たるものがサウナシーンです。脚本はあるけれど僕はノープランで臨みました。部長がバスタオルを全身に巻いてあらわれ、乳首をなぜか片方だけのぞかせているのも、本番でいきなり発見して笑ってしまいました。タオルを直すふりをして、さりげなく目線を誘導してくるんです。みんなでお芝居について前室で打ち合わせすることはありません。何をしても大丈夫という信頼関係を築けているから」

自由にその場その場を役として生きてほしい

劇場版では新キャストとして沢村一樹さん、志尊淳さんが加わった。

「キャリアのある鋼太郎さんと沢村さんのぶつかり合いは刺激的でした。ただ、沢村さんは初めて激しいバトルシーンに巻き込まれて衝撃も大きかったみたいで、サウナシーンを撮り終えた後、『一回も台本通りにセリフが言えなかった……』とぽつりとおしゃっていました(笑)。今回、沢村さんという圧倒的な存在のおかげで作品全体が引き締まってレベルアップできたので、一緒に作品づくりができて、すごく嬉しかったです」

そして、志尊さんとのお芝居で印象に残っているのは花火大会のシーン。つい春田から田中圭に引き戻されてしまった瞬間があったそう。

「撮影した日は、春なのに気温がぐっと下がり湖の水がとっても冷たくて。志尊は足だけ、僕は体ごと湖に浸かるシーンだったので『圭さん、死ぬんじゃないですか?』と志尊が心配するほど。でもやるしかないから、頑張ろうって声を掛け合った。大事なシーンは事前に動きを確認してから撮影に臨むのですが、本番、志尊がいきなりリハとは違った動きをしだして、感情のままに水に浸かっていったんです。僕も『マジか!』って驚いたし、カメラマンも聞いてないよ~状態でパニック。でも、そのとき僕、震えました。これが起こるのがおっさんずラブの現場なんです。役としてその場を生きているなら、何をしても正解になる。ト書き通りではなくその場の感情で動きたいと思ったときに素直に動いてくれた志尊の芝居を見て、あいつのことをより好きになりました。僕も感情的なシーンを演じるときほど〝田中圭〟はいないようにして、ただ春田としてありたいと思っていますが、いきなりその芝居を見せられたときは田中圭として『うわぁぁぁ、こいつやるぅぅぅー!!』って動揺しちゃいました」

誰のどの感情も逃したくないすべてを受け止める覚悟

春田を演じる上で田中さんが大事にしてきたものは一貫している。

「春田は〝受け〟の人間なんですけど、受けの人間が主人公になる作品はあんまりないんです。この作品で僕が真ん中に立たせてもらう意味を考えると、20年近く培ってきた脇役根性、下っ端根性みたいなものを総動員して、みんなの感情をすべてキャッチしていきたいと思っていました。だからみんな脚本にいい意味で縛られず、自由にやっていってほしいなと。誰のどんな感情も逃さないし、取りこぼさないから。それだけは頑張ろうと貫いたつもりです。僕と春田は別の人間で似てはいないと思うけれど、春田が板挟みになったり、よくピンチに陥ることに対して同情や面白さを感じながら演じてきました。とはいえ春田をやっているのは僕なので、春田のリアクションや反応速度みたいなものはどうしても似てきた実感はあります。スタッフのみんなに言わせると、『誇張している田中圭をやると春田になる』らしい。ま、そのとおりだなって思います」

最後に田中さんが『おっさんずラブ』を経て得たものとは。

「遣都とのラストシーンを撮影しているとき、監督が急にセンチになったんですよ。それが伝染して遣都までセンチになり始めて、僕までうっかりすると号泣しちゃいそうで(笑)。感謝や寂しさとか走馬灯のようにいろんな感情がこみ上げてきて、僕にとってかけがえのない作品だと気づかされました。これがきっかけで見られ方や周囲の環境が変わったというのはありますが、僕は何一つ変わってない。でも、この現場で学んだこと、一緒につくり上げたことを他の現場でもやっていきたい、一生をかけて目指していきたい俳優としてのあり方に出会えた作品です」

Recommend Scene

思い出のワンシーン

ジャスティス(志尊)の過去に触れ、大切なものに気づかされる感動の花火大会。

吉田鋼太郎

special interview 2

Koutaro Yoshida

黒澤武蔵

Musashi Kurosawa

健気で乙女な本シリーズのヒロイン・黒澤部長。
演じるのは卓越した演技力と重厚な存在感で
演劇界を牽引してきた吉田鋼太郎さん。
男気あふれる上司の顔と、恋する乙女の顔。
無双のギャップは映画でも圧巻！
その根底には純粋な恋心がありました。

Koutaro Yoshida

1959年1月14日生まれ、東京都出身。上智大シェイクスピア研究会公演「十二夜」で初舞台を踏み、97年に劇団「AUN」を結成。数々の舞台に出演、演出も手がける。連続テレビ小説『花子とアン』、ドラマ『半沢直樹』など話題作に多数出演。

special interview 2 黒澤武蔵

吉田鋼太郎

非日常を日常に変えてしまう 不思議なパワーが満ちていた

黒澤でいることが むしろ自然なんじゃないか

映画化の話を聞いたときの、率直な胸の内を振り返る吉田さん。

「ドラマ版『おっさんずラブ』は僕もすごく大事にしていた作品であり、僕らが頑張った以上に、たくさんの方から評価をいただいた作品でもありました。連ドラから劇場版になるときに、観てくださる方の期待を裏切ってはいけないし、連ドラでのクオリティを壊さずにさらにいいものをつくれるのか？ と心配になったのが正直なところでした。だから僕たちも意見を出させてもらって『みんなでちゃんとつくっていこうぜ』と決意を新たにし、最終的に全員で納得した上でクランクインしました。ドラマはとっても真剣でピュアな恋愛がベースにあり、そこにコメディが加わっていったもの。映画化するからといって、丁寧に描いていたピュアで真面目な部分をないがしろには絶対したくない。単に派手になってしまう、奇をてらってしまうのも避けたい。とはいえ連ドラの続きの日常が描かれるだけでは面白さに欠ける、その兼ね合いが難しかったと思います」

映画のはじまりは、ドラマから1年後の世界。黒澤部長として現場に戻ったときの心境をたずねると……。

「それが思いがけず、すんなりと抵抗なく黒澤になれたんですよ。圭に対しての絶対的な信頼があって、むしろ黒澤でいる姿が自然なんじゃないかってくらいに。はるたん(＝圭)と一緒にいれば黒澤になれるし、すると牧(＝遺都)の存在が鼻についたり、憎々しくなってきて、嫉妬心も芽生えてきました。黒澤としてやることは、ちゃんとはるたんを好きになって、恋をしたときにどんな感情や行動につながるのかをデフォルメすることなく演じること。本当の気持ちをきちんと見せるだけ。それは映画になっても変わらない。はるたんとの再会のシーンはドキドキしていました。黒澤がはるたんと出会えた喜びと同時に、吉田鋼太郎が田中圭に久々に現場で会えた喜びと相まって。現実では圭と僕が恋愛するわけじゃないけれど、でもその一歩ギリギリ手前くらいで圭のことが好きですね。彼は生き方に一切嘘がないし、いいところも悪いところもさらけだしている。人ってよく思われたくて何かしらかっこつけたりしがちじゃないですか？ ちょっと構えてみたりだとかね。そこを圭は生身で真正面から人と向き合っていく。僕だけじゃなく、みんなが圭を自然と愛しているんですよね」

このチームだったら 怖いもんなんてないよ

座長としての田中さんを「理想的」と表現した吉田さん。

「圭は相手に自分の芝居をしてもらいたいと、そういった意味では自分を捨ててでも、極端にいえば自分を犠牲にしてでも何かを引き出そうとする役者。彼のそのエネルギーが周囲に伝わっていくし、連動して現場自体が引き上がっていく。『おっさんずラブ』では、台本を読んだときは〝もしかして、うまくいかないんじゃないか……〟と不安に感じていたシーンも、なぜか本番、全然無理じゃなくなる。何なら10倍に膨らんで楽しくなる。そんな不思議な力があるんですよ」

劇場版では、部長の記憶喪失や春田の救出劇など非日常的なシーンが盛り込まれている。映画らしいスケール感は見どころのひとつでもある。

「映画だからといって、いたずらに非日常を盛り込んで、おもしろおかしくしようとしていないか……？ と一度立ち止まる場面もありました。ただね、実際にやってみると非日常なことを思い切り大真面目にやっていくと、おっさんずラブの世界では現実的なものになる。あぁ、この人たちの世界にはこんなこともさもありなんと説得力が出てくるんです。もう怖いもんなしだし、なんでもこいって心強い。牧と一緒にはるたん(※このときは〝はるぽん〟)を助けに行くシーンでは、炎が燃え盛る中でターザンをしてみたり。もちろんどちらが先に助けるか、牧と小競り合いもあります。記憶がなくても、切羽詰まった状況でも本能的に〝ヒロインの勘〟が働いて、牧が恋のライバルなんだとビビッときますから(笑)。あのシーンがリアルに見えるのは、遺都の集中力のおかげですよ」

本作で最もハードルが高かったのが、妄想デートシーンだったそう。

「はるたんとスクーターに二人乗りをしたり、真実の口でふざけたり……まさに『ローマの休日』のようなシーンがあるんです。ドラマでは大好きなオードリー・ヘップバーンをイメージして黒澤を演じていたのですが、今回はヘップバーンになりきって演じなければならない事態に。あれが一番、ハードル高かったなぁ。もう申し訳なさでいっぱいですし、出来上がりが怖い。『えいやっ！』って、思い切ってやりましたけどね(笑)。ただ、申し訳ないと思いながらも、恋愛する役をいただくことがあまりない僕としては、このシリーズで恋愛の渦中にいる役を演じるのは非常に気持ちよかったです」

沢村くんとの対峙シーン ここで負けたら終わりだった

新キャストのふたりに対して対極の印象を受けたという吉田さん。

「沢村くん、あの人もクレイジーで魅力的だね！ 彼と対峙するシーンは、なんとなく探りながらやろうと思ったら〝ぐわーーー〟って迫ってきてね。『ここで、たじろいじゃだめだ』と踏みとどまった。沢村くんから仕掛けてくれたおかげで印象的なシーンに。あそこで競り負けてしまっていたら、その先の撮影もずっと心が折れたままになってしまったかもしれない。一方、志尊くんはまるでずっとこの作品にいたような自然な溶け込み方をしていて、素敵な佇まい。圭が『花火大会のシーンで志尊がすごい芝居をした！』と興奮しながら話してくれたとき、柔らかい雰囲気だけど芯の強い男なんだろうなと感じましたね。志尊くんと金子(大地)は同世代だし、圭が金子をたきつける場面もありました。遠慮しがちな金子に対する圭らしい愛情のあらわれだと思います」

垣間見えた男臭い舞台裏とともに、劇場版への手応えがにじむ。

「すべてのシーンが濃くて、捨てるところがない。普段はこんなこと言わないんだけど、この映画だけは『絶対面白くなる』と確信めいたものを感じています。僕は映像の世界での活動は10年くらいだし、まだまだ新人のつもり。60歳のジジイだけどスキあらばいろんなことに挑戦したい。そういった意味で言えばこの作品では、思い切ったことができたんじゃないかな」

思い出のワンシーン

Recommend Scene

狸穴(沢村)と黒澤部長のピリついた対峙シーンながら、パッと見はキス寸前。

林 遣都

special interview

3

Kento Hayashi

牧 凌太

Ryota Maki

ぽんこつダメ男の春田と恋に落ちてしまう
イケメン×エリートなハイスペック男子・牧凌太。
林遣都さんは牧が抱える生きづらさや繊細さ、
いじらしさにどこまでも誠実に向き合い、
『おっさんずラブ』の根底にある
ピュアでせつなく、温かい世界観を彩りました。

Kento Hayashi

1990年12月6日生まれ。滋賀県出身。2007年、映画『バッテリー』で主演デビュー。映画『しゃぼん玉』『青禾男高』(中国)など。2019年後期連続テレビ小説『スカーレット』に出演、多方面で活躍中。

special interview 3 牧凌太

林遣都

スケールが大きくなろうとも 相手を想う心さえあればブレない

ドラマ以上のものはもう つくれないと思っていた

戸惑いと不安。映画化決定の瞬間を林遣都さんはストレートに表現した。あまりにも最高なカタチで連ドラをやり遂げられた自負があるからだ。

「僕としてはハッピーエンドでドラマが終わり、これから登場人物たちがどんな人生を歩んでいくのだろうか?と幸せな余韻を残したまま幕を閉じることができたと思っています。映画化が決定したときは、『またはじまるんだ……』とスムーズに切り替えることができなかったのも事実。牧にはもう戻れない。そのくらい出し尽くして、やりきった感覚がありました。こんなに素敵な終わり方を経験したのは初めてのことでした」

ひとつ作品を終えたら、また気持ちを新たに次の作品へ。どんなに思い入れがあろうと、プロとしてとどまるわけにはいかないもの。そんな林さんが牧を取り戻せたのは、いわずもがな田中さんと吉田さんの存在だった。

「圭くんや瑠東監督をはじめとしたスタッフさんたちとは、ドラマ以降もプライベートで会っていました。映画化が決まってからは、話し合う機会も増えて、クランクインは不安なく臨めました。実際に現場で圭くんが演じる春田さんを見ていると段々と牧の感覚が戻っていきました。自分で取り戻したわけじゃなく、圭くんや鋼太郎さんたちとの芝居を通して、みんなが僕を牧にしてくれたんです」

連ドラのラストでは、ふたりの思いが通じ合うも春田は海外赴任へ。映画は、離れ離れになった空白の1年間を経た世界からはじまる。

「1年間、ふたりがどう過ごしていたんだろうと想像することからスタートしました。ドラマの最後に一緒になることになって、短い期間でも幸せな日々を過ごせたんじゃないか、とか。春田さんの海外赴任後は、彼はマメではないし、牧も忙しいし、おそらく頻繁には会えていないだろうなって。物理的にふたりの距離が離れてしまったことで、牧は一人で考える時間が増えて、現実的な問題を抱えたりもしたんじゃないか。春田さんは変わらないテンションで接してくれそうですけど」

脚本では触れられていないふたりの時間。イメージを膨らませて臨んだのが、香港での春田との再会シーン。

「牧は素直ではないけれど可愛いげがあるので、サプライズ的に春田さんに会いに行ったと思うんです。ところがあんなことになっていて(笑)。話したいこともたくさんあったはずだし、もしかすると何かしらプランを練っていたかもしれない。ただ、意外と沸点が低いので感情的になって帰ってしまいましたけど」

部長の本気に触発されると 心をさらけ出してしまう

吉田さんとのお芝居は改めて得るものがたくさんあったという林さん。

「春田さんの救出シーンは映画ならではのスケールですし、エンターテインメント的な要素。炎が上がる中を、部長と一緒にさまざまな障害物を乗り越えて春田さんを助けに行く。現実でいえば、炎の中で"うんてい"をしたり、ターザンをやったりすること自体がおかしな光景ですよね。しかもスーツ姿のまま(笑)。でも、鋼太郎さんが部長を演じると、本当に春田さんを死なせたくないし、助けたいっていうのが伝わってくる。どんなにオーバーでも、コミカルでも、ありえなかったとしても、春田さんを愛する心だけは本物。部長のピュアな愛情のおかげで観ている人を置いてけぼりにせず、心を動かすことができるんです。劇場版では牧にとって部長は、恋のライバルという存在を越えています。人生の先輩として、恋愛の先輩として、本当に大事にすべきものがあるだろうと示してくれるのに、なぜ大事な人の前ではできないのか?と言葉にしないで気づかせてくれるんです。基本的には器の大きさを見せてくれるけれど、実はあわよくばを狙っているのも部長らしさだと思います(笑)」

本音を隠しがちな牧が唯一感情をさらけ出せるのは、なぜか恋敵の部長。

「同じ人を本気で好きになった点で、部長と牧は深い部分で通じ合っている関係だと思います。今回、部長が記憶喪失になってしまうのですが、また連ドラのときのような春田を巡る小競り合いが繰り広げられる。鋼太郎さんが、フレッシュな気持ちで春田に恋をする様子に、牧の感情も揺さぶられて、つい子供じみたやりとりに。そういう感覚になれるのは、牧も僕自身も鋼太郎さんが演じる部長の前だけです」

現在の牧の存在に説得力をもたらしてくれたのが、牧の上司・狸穴役を演じる沢村一樹さんだった。

「牧の古巣でもある営業所のメンバーとライバル関係が強まっている現状は、直属の上司が狸穴さんであることで物語っていると思います。狸穴さんの下でキャリアを積んできたから今の牧が出来上がって、今の状況につながっているというのはすごくリアルだなと。描かれてはいないけど、この1年で牧にもいろんな成長や変化があったはずですから。沢村さんは『おっさんずラブ』の世界を大事にしながらひとつひとつ演じてくださっていました。部長も濃厚なのですが、またテイストの違った、意味深で怪しい存在感は沢村さんにしか出せない味わいです」

たくさんのファンの 作品愛にも触れられた

劇場版ではエキストラが参加しているシーンがちりばめられているのも大きな特徴。直接、言葉はかわさなくてもそのエネルギーを肌で感じた。

「ドラマから応援してくださったファンのみなさんが、映画に参加することで作品がパワーアップした印象です。特に花火大会のシーンはたくさんのエキストラさんとのお芝居を経験できました。最初は視線を感じることもあったのですが、少し時間が経つと誰も圭くんのことも僕のことも見ないようになっていました(笑)。というのも、スタッフさんからの説明に熱心に耳を傾け、エキストラとはいえ演者としてそのシーンをいいものにしようとしてくれていたんです。とても寒い中だったのに集中力が素晴らしかった。『おっさんずラブ』への熱い思いでつながった人たちと一緒にお芝居ができたことは感動的でした。SNSでもファン同士の交流があったり、連ドラが終わってもなお愛され続けている作品に携われて幸せです。連ドラのときと同じく『劇場版おっさんずラブ』も、作品のその後を想像するのは、観てくださった方たちそれぞれのもの。ストーリーを紡いでいってもらえたら嬉しいです」

思い出のワンシーン

Recommend Scene

はるたん救出に部長はライバル心をむき出しに。しかし、そこには部下であり同志・牧への愛情もあった。

人物相関図

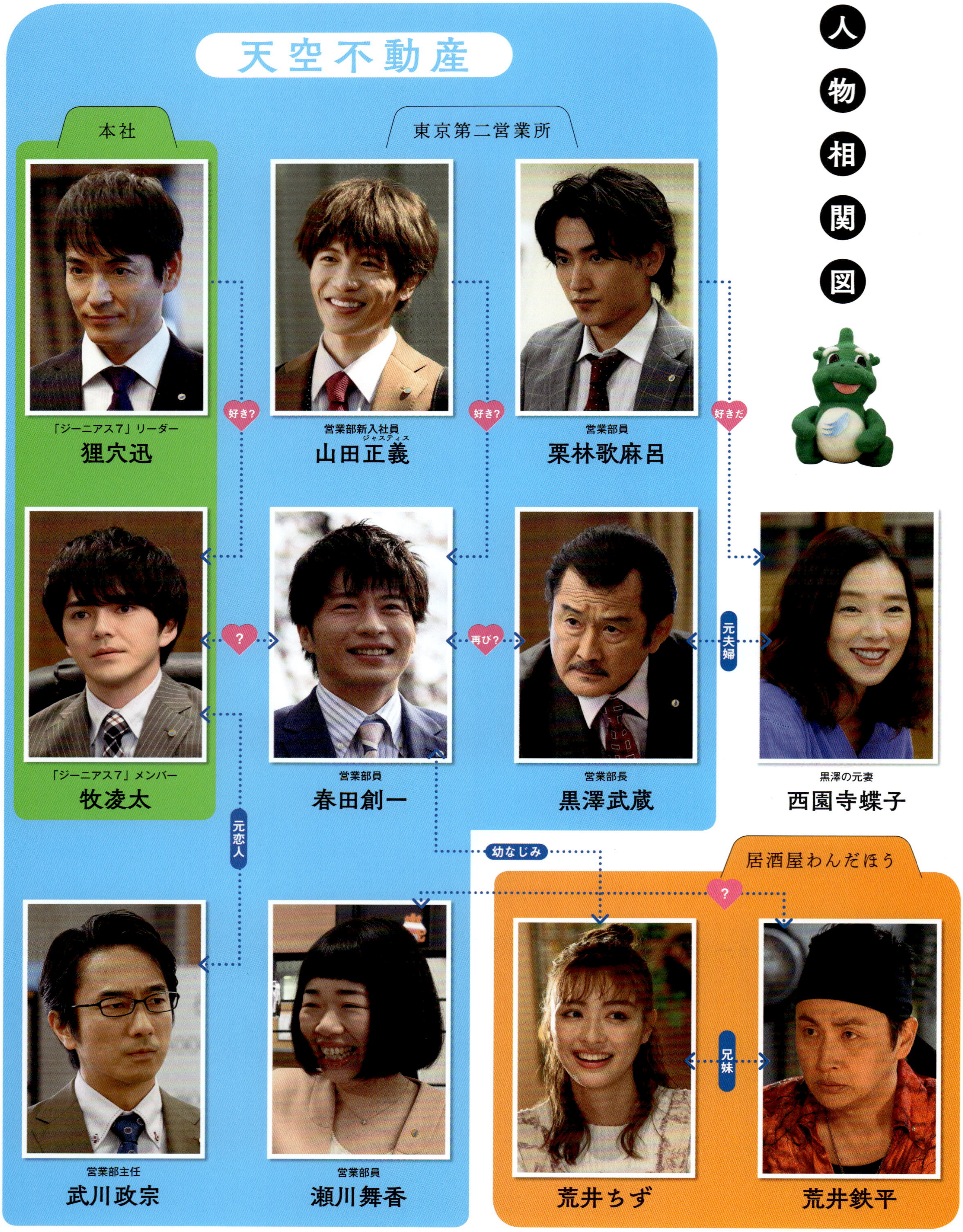
天空不動産
本社
東京第二営業所
「ジーニアス7」リーダー
狸穴迅
営業部新入社員
山田正義《ジャスティス》
営業部員
栗林歌麻呂
好き?
好き?
好きだ
「ジーニアス7」メンバー
牧凌太
?
営業部員
春田創一
再び?
営業部長
黒澤武蔵
元夫婦
黒澤の元妻
西園寺蝶子
元恋人
幼なじみ
居酒屋わんだほう
?
営業部主任
武川政宗
営業部員
瀬川舞香
荒井ちず
兄妹
荒井鉄平

天空不動産

社外秘!?

ドラマからのおなじみメンバーをはじめ、新キャラクターの
プロフィールをご紹介。劇中で語られる夢や愛、
そして、天空不動産をゆるがす大事件。
それぞれの視点から登場人物の活動を振り返ります。

活動報告書

営業部員

春田創一

（田中圭）

PROFILE

5月5日生まれ／おうし座　O型　178cm

- ●家族　母
- ●性格　優柔不断で大雑把。仕事には情熱をもって全力投球。お人好し。
- ●資格　なし
- ●趣味　ゾイド、昼寝、ゲーム
- ●苦手なこと　暗いところ。とくに一人ではダメ
- ●服装　ブルーを基調としたスーツとネクタイ

「俺も絶対負けねえし。お前が地球の裏側で頑張ってると思ったら、なんか頑張れるから」

香港での送別会で泥酔し、気づけば知らない人とベッドに。そこに牧が現れ、誤解されたまま帰国。東京に戻ると本社のプロジェクトに巻き込まれ、牧ともギクシャク。新しい街づくりといっても地元の人達の笑顔は消えていくし、部長は記憶喪失になるし、挙句の果てには監禁され絶体絶命のピンチ。助けにきてくれた牧と炎に包まれた時、やっと素直な気持ちが言えた。まわりが夢を語る中、自分自身も地元の人達と一緒に街づくりをしたいという夢を思い出しました。

銃口を向けられるなんて初めての経験。もう二度としたくない

香港でぶつかったおじいさんが後に天空不動産の救世主に！

営業部長

黒澤武蔵

（吉田鋼太郎）

PROFILE

6月13日生まれ／ふたご座　O型　174cm

- ●家族　兄
- ●性格　仕事も恋もまっすぐでとてもピュア。厳しいが情に厚く、頼れる上司
- ●資格　宅地建物取引士、1級ファイナンシャル・プランニング技能士、運転免許
- ●趣味　旅行、ショッピング
- ●苦手なこと　虫（特にハエ）
- ●服装　スリーピースに赤など華やかなネクタイ

「黒澤武蔵、幸せになりまぁす！」

春田との再会を喜んだのも束の間、本社から新プロジェクトのチームが乗り込んできて営業所は大わらわ。本社での会議に出席後、足をすべらせ階段から転落。営業所に見知らぬ顔がひとりいるけれど、ビビビ!! っときちゃったんだお。そんなある日、はるぽんが監禁され、必死で助けに行ったのに、結局牧の背中を押す結果に。記憶も戻り、ベイエリアの開発も見直されることになり一件落着。人を好きになるのはお休みと思っていたけれど、新しい恋の予感が……。

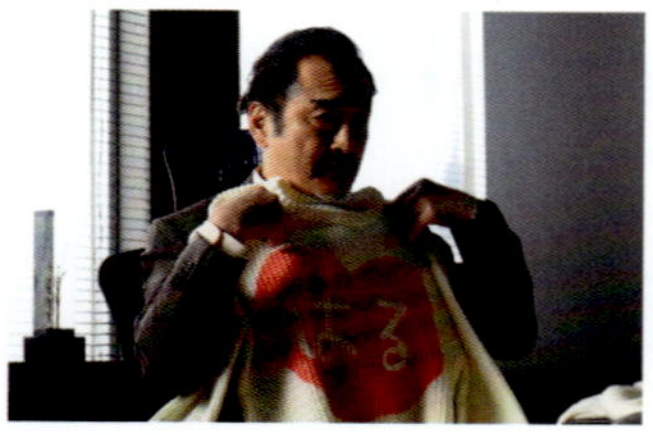

ビビビッときた“はるぽん”とペアルックでのデートを妄想

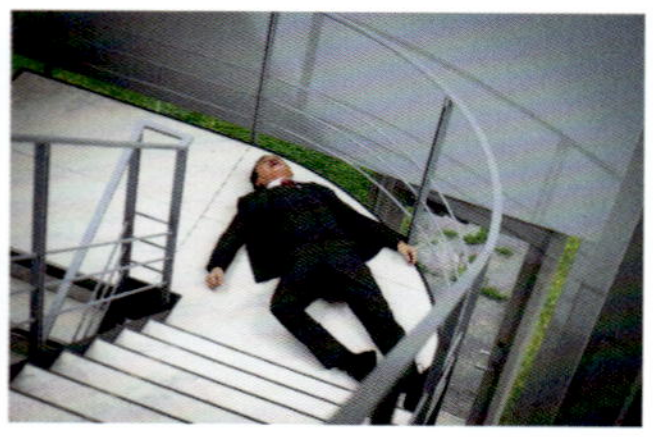

バランスを崩して階段から転落。なぜか一部だけ記憶を失ってしまう

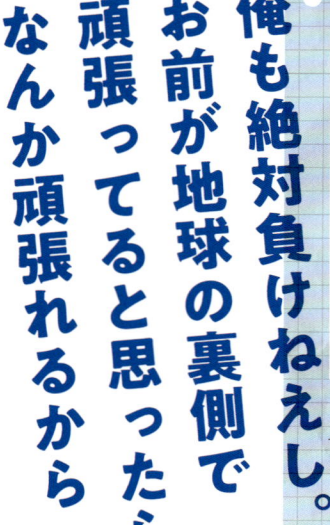

通勤途中に少女マンガみたいな出会いをした男性は、職場の先輩という奇跡。春田さんとは気が合うし、やさしくて頼れるお兄ちゃんみたいで、一緒にいると楽しい！　でも、記憶を失ってからの部長は僕に強くあたってきて…Why？　本社のプロジェクトに地元の人たちは反対しているし、春田さんは捕まっちゃうし、全然Peaceじゃなかった。でも、監禁事件で出会った薫子さんからのアプローチに負け、ゴールイン。家族を亡くした僕に新しい家族ができました。

「大家族作って、ついでに会長の座も狙います！ラブ&ピース!!」

営業部員・新入社員

山田正義《ジャスティス》

（志尊淳）

リゾート開発に反対するオーナーたちを説得するのは大変でした

街でぶつかった相手は職場の先輩。これって運命の出会い!?

PROFILE

2月20日生まれ／うお座　B型　178cm

●家族　父、母、兄（すべて他界）
●性格　明るく人懐っこく誰とでも仲良くなれるが、心を開いていない一面も
●資格　TOEIC960点
●趣味　YouTubeでキャンプ動画やガルチャンを見ること。基本、インドア派
●苦手なこと　三本締め、山手線ゲーム
●服装　カラースーツと派手色ネクタイで個性的

屋上で部長に冗談で手を握られてから1年。春田が戻ってきて嬉しそうにしている部長を見るのはなぜか複雑な気分でした。部長が事故にあい、春田のことを忘れてしまったときは不憫で。本社からの無茶ともいえる要求にこたえなければ部長が窮地に立たされると、主任としてできる限りやったつもりです。春田を救出に行った部長が、炎の中現れたときは心の底から安堵しました。好きな人に想い人がいても関係ない、ただ俺が愛すのみです。

「俺はもう、別に好かれなくてもいいんです。愛されるより愛したい、マジで」

主任

武川政宗

（眞島秀和）

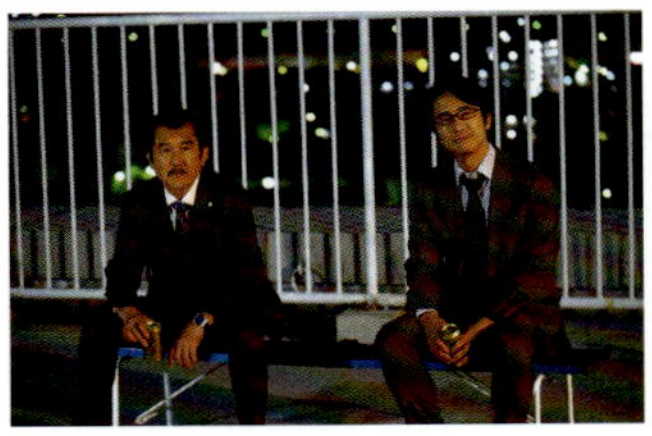

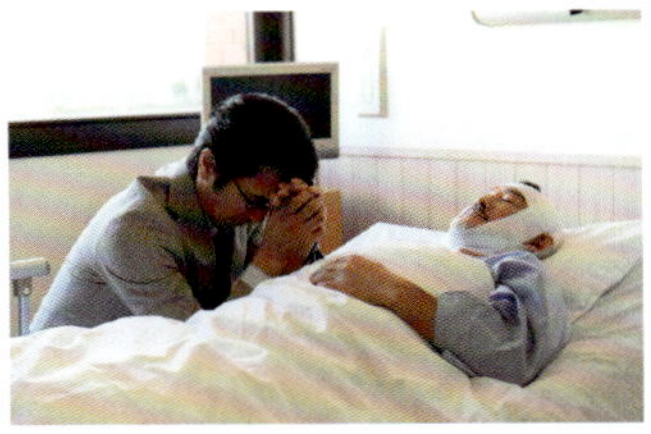

部長に手を握られた思い出の屋上でふたりきりの花火鑑賞

部長が事故に。きっと突き落とした犯人がいるはず。許すまじ

PROFILE

10月31日生まれ／さそり座　A型　180cm

●家族　父、母、弟
●性格　冷静沈着、几帳面、潔癖症。
●資格　宅地建物取引士、公認不動産コンサルティングマスター、損害保険募集人資格、運転免許
●趣味　ドライブ、映画鑑賞
●苦手なこと　飲み会のあとのカラオケ
●服装　渋めな色のスーツに小紋タイが基本。めがねがトレードマーク。

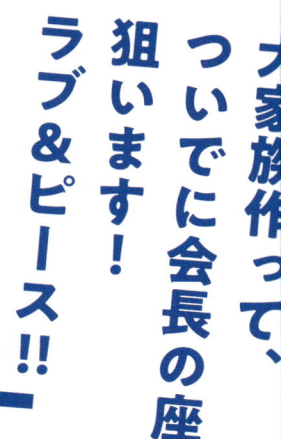

モンスター新入社員と呼ばれた俺にも後輩ができました。しかもジャスティスなんてキラキラネーム、パネエっす。本社の「東京ベイ・ラピュータ計画」はデッカすぎて、ぶっちゃけ無理って思いながらも、やるときはやる男なんで俺。リゾート開発をしていたはずなのに、ヤバイ事件に巻き込まれちゃうし、もうマジ春田さ〜んって感じっす（笑）。蝶子とは……なんかいつまでたっても子ども扱いで進展なし。だから正々堂々、真正面から、真剣にプロポーズしました。

「えー、ふつつか者の私ですが、もう二人まとめて、幸せにします！」

そこは浴衣でしょ！と思いつつ
蝶子のゴメンが可愛いから許す

いきなり本社が乗り込んできて
リアルガチヤバヤバ状態

営業部員

栗林歌麻呂

（金子大地）

PROFILE

3月3日生まれ／うお座　AB型　179cm

- ●家族　父、母、姉２人、妹１人
- ●性格　チャラくて超失礼だが、憎めない。まわりをよく見ている
- ●資格　運転免許
- ●趣味　カラオケ（高得点連発）
- ●苦手なこと　ルールを守る
- ●服装　チェック柄のスーツ。柄ものネクタイが好き

宮島亜紀

（真木恵未）

営業および一般事務。不動産鑑定士の資格を持つ。冷静にまわりを見て、いつも的確なアドバイスをしてくれる。

相原孝介

（西村誠治）

営業部員。宅地建物取引士。誠心誠意、丁寧にお客さまに接し、常に営業成績もトップクラス。

長濱翔太

（小玉文貴）

営業部員。フットワークを生かしてどんな案件もスピーディに対応。営業成績を相原と競っている。

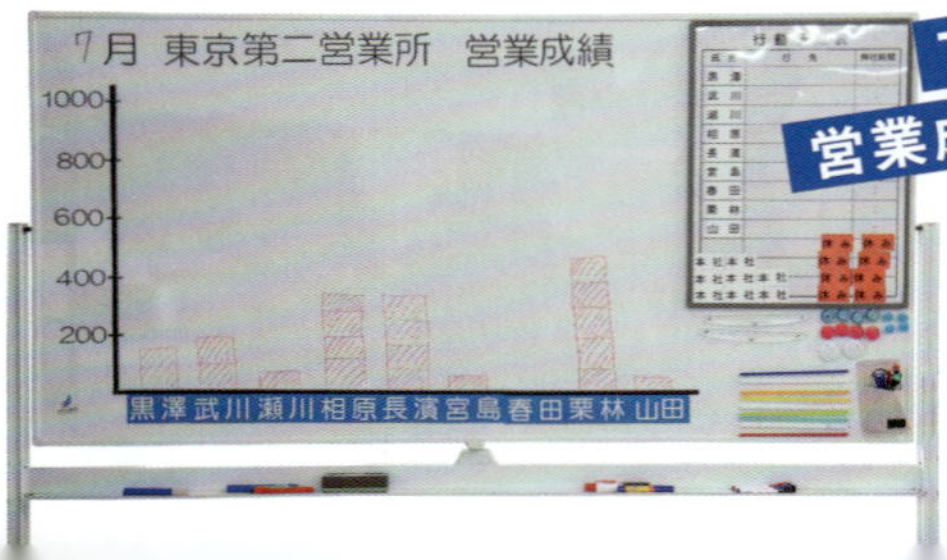

7月の営業成績も好調！

営業部員

瀬川舞香

（伊藤修子）

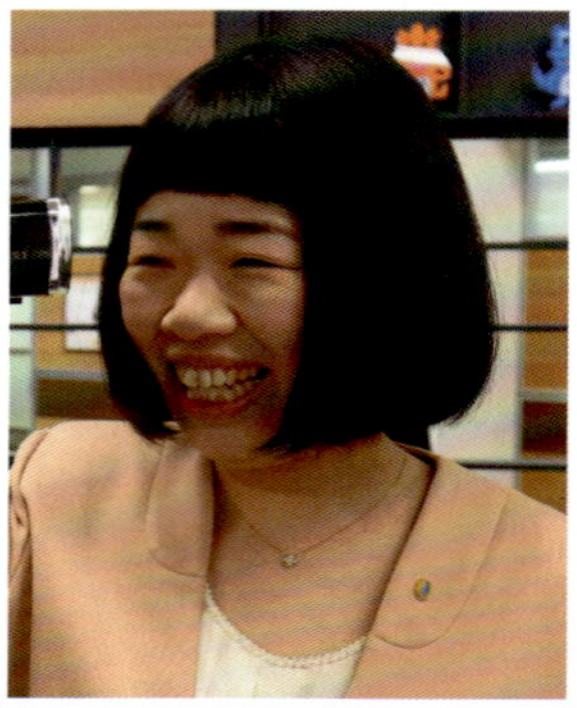

PROFILE

12月24日生まれ／やぎ座　156cm

- ●性格　噂好き、勘が鋭い
- ●資格　宅地建物取引士、管理業務主任者
- ●趣味　アロママッサージ

春田くんが戻ってきて営業所は賑やかになりました。え、鉄平さんとは？濃厚に愛し合っちゃってますかね、アッハッハッ！　夜は「わんだほう」で彼をお手伝いしています。彼のよくわからない歌を聴くと天才なのかしらと思います♥

フロアガイド

いらっしゃいませー

ALL FOR GENIUS!!
天空不動産

お客さまがいらしたのがすぐわかる座席の配置。中央のテーブルで気軽に打ち合わせができる。

天空不動産
Tenku Real Estate Co., Ltd.

お客さまが座る場所からは、営業所内が隅々まで見渡せる。オープンな雰囲気が人気です。

接客スペースは広々としておしゃれ～

entrance

営業所は常に清潔に！がモットー

お客さまを迎えるうえで、清潔感が大事。武川主任の指導のもと、掃除は徹底されている。

ホッとひと息 カフェコーナーが充実

部長の部屋は大人の空間

黒を基調としたシックな部屋。フロア側はガラス張りになっていて、仕事ぶりをチェック。

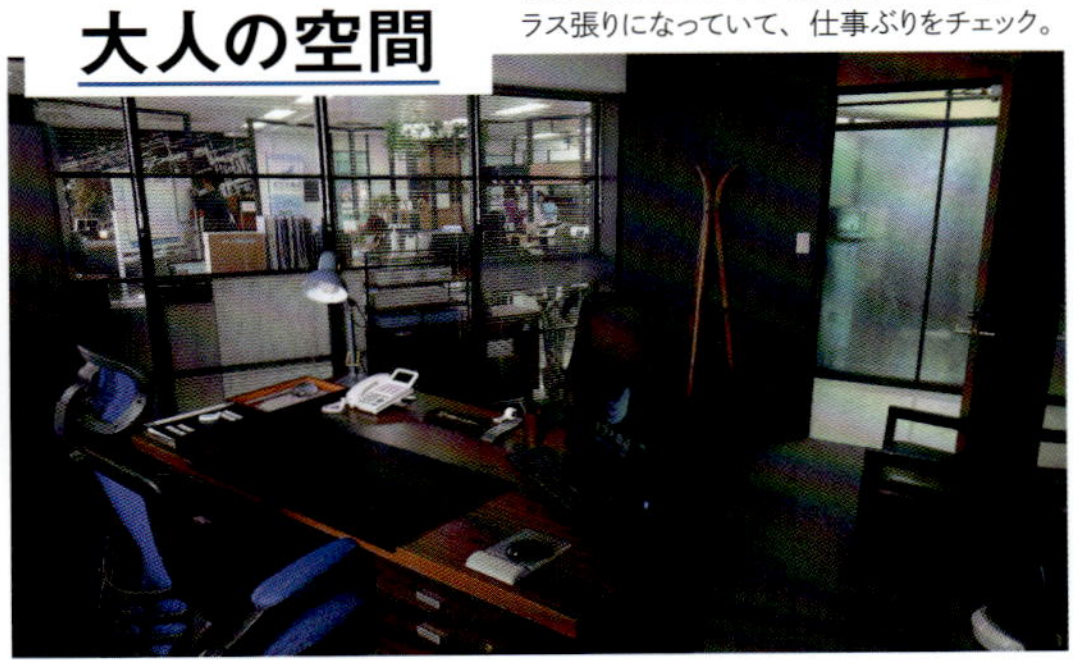

トレンド!?

営業にはリュックがマスト!?

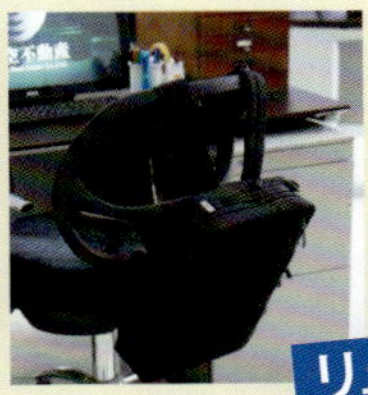

春田をはじめ、マロ、ジャス、宮島さんもリュック。物件案内には両手があく鞄が便利。

ピンチ

リゾート開発反対！ 地元のオーナーさんたちがやってきた

長年、地元で商売をしてきた人たちが開発に猛反対。営業所も混乱し、対応に追われました。

国内最大級のショッピングモール
東京ベイエリアに誕生
出店テナント申込受付中!!
トウキョウは次の時代へ
Tokyo Bay Laputa Project
天空不動産 × 黒澤山

「……俺も、春田さんじゃなきゃ嫌だ」

「ジーニアス7」メンバー

牧凌太

（林遣都）

PROFILE

11月1日生まれ／さそり座　A型　173cm

●家族　父、母、妹
●性格　負けず嫌い、マメ、気が利く、素直じゃない、意外と沸点低め
●資格　再開発プランナー
●趣味　植物鑑賞、読書、片づけ
●苦手なこと　パーソナルスペースが近い人
●服装　細身のスーツにチェック柄のネクタイ

本社のプロジェクトに参加することを春田さんに相談しようと香港へ。しかしあんな光景を目にしたため、ついブチンときて即帰国。本社では頼れる狸穴リーダーのもと、仕事にやりがいを感じるように。一方で春田さんとは、仕事的にも気持ち的にも、いつのまにか距離が生まれていた。でも、爆発に巻き込まれたとき、部長に言われて気づきました。仕事を言い訳に、春田さんと向き合っていないのは自分の方だと。お互い夢に向かって成長できますように。

狸穴リーダーのもと入社以来の夢、世界中に愛される街づくりに邁進

春田さんのお母さんが現れるたび、心が揺れる。実家に戻ることに

「街の人達を笑顔にするために、この仕事を始めたはずです」

「ジーニアス7」リーダー

狸《まみ》穴《あな》迅

（沢村一樹）

PROFILE

11月8日生まれ／さそり座　O型　184cm

●家族　妻、息子３人、娘２人
●性格　目的のためには手段を選ばないが実は熱血、部下思い
●資格　ダイビングライセンス（Cカード）
●趣味　サウナ（熱波大歓迎）、食べログ上位店めぐり
●苦手なこと　とろろなどぬるぬるした食べ物
●服装　上質なスリーピース

日本最大規模のリゾート地を建てるために発足された鳳凰山リゾート開発との共同チーム『Genius7』のリーダーに抜擢されました。本社からは若手有望株の牧が選ばれ、一緒に仕事をするのを楽しみにしていました。しかし、鳳凰山の悪い噂を聞き、内密に動いていたら、熱血漢の春田が出しゃばってきてとんでもないことに。無鉄砲だけど、彼のおかげで会社を守ることができ、初心を思い出すことができました。数十年ぶりに食べた親父のそばは、うまかったです。

鳳凰山リゾートがドラッグに手を染めていると知り業務提携を解消

今後、会社を背負っていくであろう牧のことはつい気になってしまう

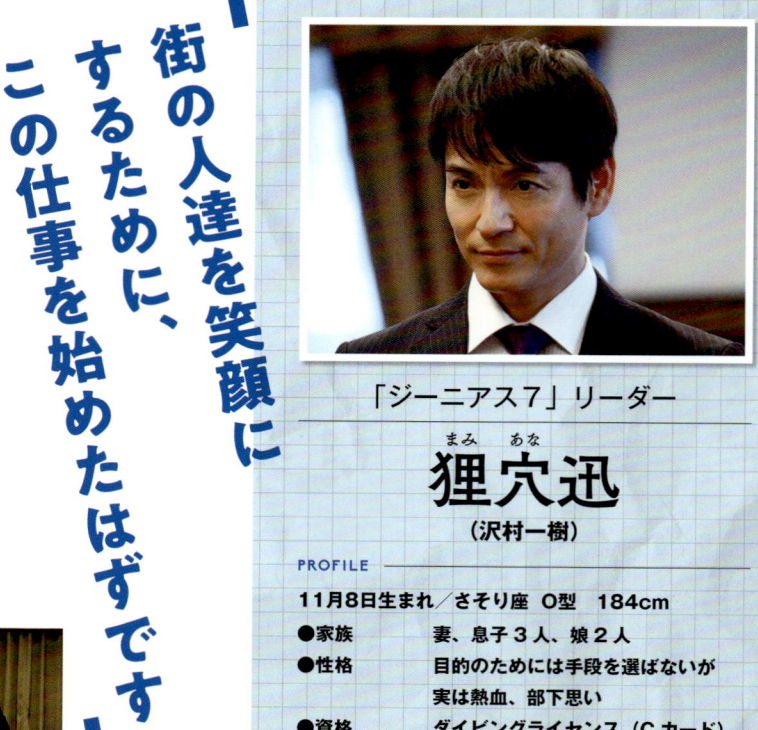

「ジョニー・デップ的な人と結婚して、会社でっかくして、世界中のおいしいものを食べるの！ その夢だけは譲れない！」

会長の娘

速水薫子
（ゆいＰ／おかずクラブ）

パパの仕事がらみで誘拐されちゃったんだけど、助けにきた春田も間抜けでもうダメかもって焦ったよね。そこにカッコいい彼（ジャス）が現れて、押しまくったら結婚することに。夢、叶いました。

天空不動産会長

速水禮《れい》次《じ》郎《ろう》
（桜木健一）

大事な愛娘まで人質に取られ、まいりました。しかし、災い転じて福となす。宝来ファンドがパートナーとなり、娘も結婚できました。

重厚感あふれる本社の会議室

広々とした会議室で、各営業所所長がプロジェクトの進捗状況を「Genius 7」に報告。なかなか結果を出せない黒澤部長に、狸穴リーダーはご立腹。

本社ビル

鳳凰山リゾート開発と提携したプロジェクトチーム発足

各営業所から社員が集まり、本社ホールでプロジェクトが発表された。春田はここで牧に大きな夢があることを初めて知り、狸穴といい雰囲気なことにも嫉妬をしてしまう。

アジアを代表する企業・鳳凰山リゾート開発と提携し、『東京ベイ・ラピュータ計画』を牽引するチーム『Genius（ジーニアス）7』を発足。しかし、鳳凰山リゾート開発は、ベイエリアを麻薬の中継地点にしようとしていた。その噂を耳にした狸穴リーダーは提携を解消。会社に被害が及ばないよう牧とともに動いていたが、会長の娘が誘拐される事態に。春田が乗り込み、無事（？）に解決。鳳凰山リゾート開発の悪事は暴かれることに。

鳳凰山リゾート開発
「ジーニアス7」メンバー

朱《ジュー》宇航《ユーハン》
（水橋研二）

Genius7 メンバー

メンバーは本社からリーダーの狸穴迅、牧凌太。鳳凰山リゾート開発の朱宇航、李天佑（文曄星）、張紫涵（羅麗雅）、徐子豪（すわいつ郎）、郭晨曦（カナキティ）。

真っ直ぐに思いを伝えてくれるマロのことは大切に思っているけれど、だからこそ……。真剣になってまた傷つくのが怖くて一歩踏み出せないでいた。元夫が事故にあったときは心配したし、離婚したことを忘れてしまって困ったけれど、そんなときもマロが騒ぎながらもそばにいてくれて笑顔になれたのはここだけの話。諦めずに何度も「結婚してください」と誠意をもって伝えてくれるマロの気持ちに、こたえてみようと思います。

「色々間違ってるけど、もうはい！わかりました！」

花火大会の日は屋形船デート。浴衣は恥ずかしくて着られなかった

元夫がケガをしたと聞き病院へ。心配ばかりかけるんだから

部長の元妻・マロの今カノ

西園寺蝶子
（大塚寧々）

PROFILE

7月2日生まれ／かに座　B型　156cm

●家族	父、母
●性格	天真爛漫、ちょっと天然
●資格	運転免許
●趣味	アウトドア、スキー
●苦手なこと	クロスワードパズル
●服装	きれいめカジュアル パンツスタイルが多い

理想だと思っていたイケメン執事とは別れ、仕事に邁進中。1年ぶりに帰国した春田は相変わらずで、わんだほうにきてはのろけなのか、嫉妬なのかいつも牧、牧、牧。夢に向かって頑張っている牧くん、素敵だなって思うけどな。私も40になる前に起業をしたいし、仕事に生きるだけじゃなく、パートナーも手に入れて天下獲りたいし。でも最後には春田のくせに日本救っちゃって、やっぱやるじゃん！

「私は仕事も家庭も両方手に入れるし、どっちも天下獲るから！」

春田って人間の器がちっちゃい。成し遂げたいことないの？

１年ぶりに会ったのに牧くんの話ばっかり。私の話も聞いてよ

春田の幼なじみ

荒井ちず
（内田理央）

PROFILE

7月24日生まれ／しし座　O型　166cm

●家族	兄
●性格	竹を割ったような性格、上昇志向が強い
●趣味	マンガ
●苦手なこと	面倒くさい上司 悪口を言う人
●服装	普段着は大人可愛い カジュアル系

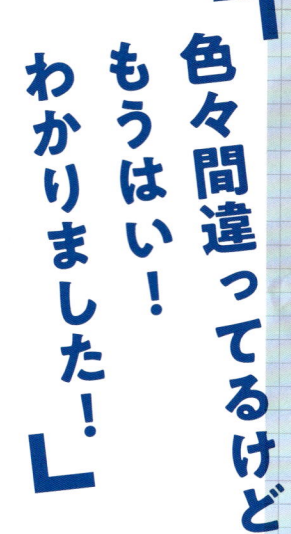

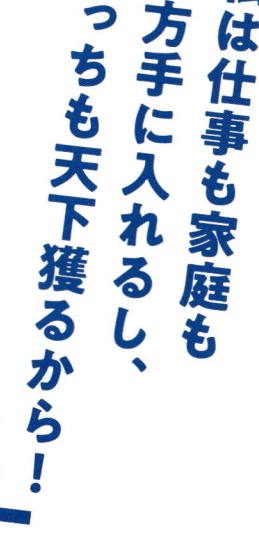

「あいつには、あいつの人生がある」

ゆで五郎店主

狸穴五郎
（木場勝己）

ずっとここで商売をしてきて愛着がある街だから、リゾート開発するからって、簡単には出ていけない。息子も戻ってこないし、潮時かもと思っていたら……。うちは、うどん屋だから覚えておいて。

居酒屋わんだほう

「俺の夢はお前……武道館をいっぱいにすることだよ」

居酒屋わんだほう 店主

荒井鉄平
（児島一哉）

PROFILE
2月14日生まれ／みずがめ座 177cm
●資格　調理師
●趣味　歌、新メニュー考案

マイマイとの交際は順調。店も多国籍風にリニューアル。創作料理はなぜか人気がないけれど、新たなメニューを開発中。夢はでっかく武道館！ いくつになっても夢を持つことは大事だ。

牧の母

牧志乃
（生田智子）

牧の父

牧芳郎
（春海四方）

「結婚に模範解答なんてないんだから…」

お父さんは凌太のことが可愛すぎて、先走っちゃったみたい。あとでしょんぼりしていました。２人がまたうちに遊びに来ますように。

「ATARU君とここで暮らすから」

春田の母

春田幸枝
（栗田よう子）

久しぶりに家に戻ったら、創一はいまだに友達とルームシェアをして頼っているみたい。何か言いかけてたみたいだけど気のせいかしら？ とりあえず私はATARU君とゴールイン、幸せになろうっと。

沢村一樹

special interview 4

Ikki Sawamura

狸穴 迅

Jin Mamiana

天空不動産本社勤務のエリート・狸穴迅に扮するのは沢村一樹さん。合理的で成果主義な仕事ぶりで、営業所の面々の前に立ちはだかる強敵を怪しげな存在感たっぷりに演じます。恋も仕事もかき乱す曲者ぶりも必見。

Ikki Sawamura

1967年7月10日生まれ、鹿児島県出身。雑誌『メンズクラブ』の専属モデルを経て、1996年俳優デビュー。出演作に、ドラマ『浅見光彦』シリーズをはじめ、『DOCTORS ～最強の名医～』『刑事ゼロ』など多岐にわたり活躍。

special interview 4 狸穴 迅

沢村一樹

『おっさんずラブ』のラブは コメディだけどすべて“ガチ”でした

新しい風を吹かせるために どうすればいいのか

　劇場版の新キャラクターとして、志尊淳さんとともに加わった沢村一樹さん。オファーがきたときの様子を茶目っ気たっぷりに語ります。

「実際オファーがきたときは『え、本当に？』とびっくりしつつ、今までのキャリア……『セクスィー部長』などやってきたことが実を結んだなと(笑)。他にもそういった役も演じたことがあったので、作品の中にすんなり溶け込めるんじゃないかと思ったんですが、撮影に入ってすぐに気がつきました。『あ、(今までのものとは)ちょっと違うな』と。というのも、『おっさんずラブ』で描かれているラブは、みんなガチなんですよ。コメディだけど、まったくふざけていないとわかりましたから。また、映画化にあたって、ファンの方たちはより一層期待を込めて劇場に足を運んでくださるはず。こうして新しく加わった意味があるよう、いい風を吹かせられたらいいなと気持ちが引き締まりました」

　沢村さんが演じるのは、狸穴迅(まみあな・じん)。天空不動産の本社勤めで、新規プロジェクトに邁進するチームリーダーという役どころ。

「最初に台本を読んだときは、ストーリーを追いかけるよりも、自分がどんな役なのかが気になってしまって。どうやって演じるべきなのか、観ている人をわくわくさせるためにはどうしたらいいのかを考えていました。狸穴は現在のキャラクターに至るまでのバックグラウンドが描写されるわけではないので、まずはそれぞれのキャラクターとの関係性を自分の中でつくり上げて、それを忠実に守りながら演じていました。自分のなかでこれが正解というものがなかなか見つからなかったけれど、観てくださる方が狸穴の存在にワクワクしたり、憎らしく思ってくれたらうれしいですね」

　営業所のメンバーに対して見下すような態度を取りながら、なぜかただ一人黒澤部長に対しては自らつっかかりに行くにも狸穴なりの理由がある。部長をはじめ、春田や牧たちとの関係性をどう解釈し、構築していったのか。

「営業所のみんなよりも規模の大きいプロジェクトを動かしている自負があるので、態度も尊大だったりするのですが、狸穴は部長に対してコンプレックスを抱いているのではないかとイメージしています。きっと部長は情に厚くて、器の大きい人。事実、あれだけ慕われてますし、本社勤務の狸穴も部長の人間力みたいなものを耳にすることがあったと思うんです。そこに対する憧れをごまかすように、部長とは真逆の方法でのし上がろうとしている。クールに合理的にやることで自分らしい道をつくり、実際に出世はしているけれどコンプレックスは消えないまま。反対に春田に対しては、当初はまるで眼中にない。でも、実際に仕事をする中で彼の人間味を見直している部分もある。今までに関わったことのない人間でびっくりもしますね。牧に対しては、部下として見どころがあって、可愛がっているだけ。会社をこれから担っていく人材として認めています。牧へのボディタッチは、思わせぶりにミスリードを誘う気はまったくありませんでした。ここは単純に部下を可愛がる純粋な気持ちだけ。普通に生活してて、動きが怪しいだけの人っているじゃないですか。狸穴はきっといちいちそういう人で、距離が近いだけなんだと思ったんですよね」

プラン通りいくことなんて ただの一度もなかった

　芝居の核となる人物との関係性をつくり上げ、いざ現場へ。クランクインしてすぐに対峙したのが吉田鋼太郎さんだった。予告動画で大きな話題になった顔を極限まで近づける例のシーン。

「ただト書きに限界まで顔を近づけるって書いてあったので、台本通りに演じただけです。僕のセリフの『ハリーアッ“プッ”』のプのところで、部長の顔に息を吹きかけているんですが、これは本番で生まれたもの。何度かテイクを重ねているときに、一度“プッ”をやり忘れたら、鋼太郎さんがほんのり不満げな顔になった気がしたんです。『“プッ”って、やったほうがいいですか？』と聞いたら、『うん』と即答(笑)。ちょっとしたやりとりでしたけど、鋼太郎さんに『いらっしゃい』と言ってもらえたような気持ちでした」

　また見どころのひとつであるサウナシーンの撮影では、林遣都さんの芝居に度肝を抜かれたと沢村さん。

「サウナシーンは、いい意味でめちゃくちゃなんです。『あぁ、役者が動くってこういうことなんだろうな』と腑に落ちるし、僕はアドリブを出す余裕がなかったです。ただ、リアルに戸惑う反応は3人の関係を知らない狸穴に通じるものがありました。サウナという狭い空間で、役を通してのいろんな感情が混ざり合っていて、鬱憤が爆発してぶつかり合う。台本でいうと10ページ近くあるシーンを長回しで3、4テイク撮りました。春田を巡っての、部長と牧の恋の攻防の中で水をかけるシーンがあったのですが、『スタート！』の掛け声と同時に牧が部長の顔にめがけて容赦なく、バシャーって水をかけていて……。こいつ、いい意味で狂ってるなと思いました(笑)。林遣都という男は普段は人見知りでシャイなんだけれど、芝居がはじまると野に放たれた野犬のようでした。ちなみに、サウナシーンがあるので、一応ジムには通っていたのですが、全然カラダが仕上がらなかった。腹筋はそう簡単は割れてくれないものですね(笑)」

それぞれの色が混ざり合い また違う色を放つ

　アドリブの応酬が成立するのも、とてつもない結束力があるからだと沢村さんが振り返った。

「1クールでつくり上げたチームとは思えないくらいの結束力があるから、みんなが剛速球でキャッチボールができる。僕なんて何回もデッドボールを喰らいましたもん。そして同じ役者ではあるけれど、演じ方、アプローチが全く違うことも痛感しました。それぞれが全く違う色を放っていて、その違いを尊重し合っている。春田と牧、春田と部長……混ざり合うことで違う輝き方をする。『おっさんずラブ』は男同士が、おじさん同士が恋をしているのが面白いわけじゃなくて、もっと根本にある人間愛をしっかり描いているから面白い。そういう意味では、歪んだカタチではあるけれど、狸穴の部長に対する嫉妬や憧れもひとつの愛。愛という誰しもが持っているものをはばかることなくむき出しにしながら、その過程でのエゴや嫉妬も取りこぼさず描かれているのも魅力なんですよね」

Recommend Scene

思い出のワンシーン

キャストが勢揃いするサウナシーン。“記憶喪失なう”の部長と牧による春田を巡った戦いが勃発。

志尊淳

special interview 5

Jun Shison

山田正義《ジャスティス》

Justice Yamada

春田の後輩として新登場する
キラキラネームの新人・山田正義(ジャスティス)を
若手実力派の志尊淳さんが熱演。
ジャスの愛称で営業部に溶け込むも、
その天真爛漫で無邪気な性格が台風の目となり
新たな恋の嵐を巻き起こす!?

Jun Shison

1995年3月5日生まれ。東京都出身。2011年俳優デビュー。14年『烈車戦隊トッキュウジャー』で主演を務める。最近の出演作に、連続テレビ小説『半分、青い。』、ドラマ『潤一』『Heaven ?～ご苦楽レストラン～』、映画『帝一の國』ほか多数。

special interview 5 山田正義

春田さんと一緒にいられる空間を ただ素直に楽しむだけだった

志尊 淳

つくり込むのではなく 現場の空気感が大切と実感

一視聴者として連ドラを楽しんでいたという志尊さん。

「『おっさんずラブ』というタイトルからしてきっとちずちゃんの恋は叶わないんだろうなと切なくなりました。どの目線で見ても切ない、ただただ無垢なラブストーリーが描かれているなと感じていました。役者としては、会話のテンポや撮り方など、『どこまでが脚本で、どこからがアドリブなんだろう?』と興味津々で、あの世界観に入ってみたいなという願望がありました。いざ、山田正義(ジャスティス)として出演が決まったときは、楽しみな半面プレッシャーもありました。『おっさんずラブ』はすでに出来上がっているチームであり、作品。多くのファンの方にも愛されているので、映画からいきなり登場して果たして受け入れてもらえるのかなって」

まずは強力なチームに入ることから。

「今でも覚えているのはみんなが揃う初めてのシーン。圭くんが(金子)大地に『大地、志尊のことぶっ潰すんだろ?』と同世代の僕と大地をわざとライバル同士にしようとたきつけたんです。僕は圭くんが冗談で言っているのかなと思っていたのですが、自然に僕らの力を引き出そうとしてくれる圭くんらしいリードの仕方だったんですよね。大地、めちゃくちゃ気合い入っているな、僕もよし、やるぞと熱い気持ちになりました。こういうやりとりをできるのが『おっさんずラブ』の現場なんだなとワクワクしましたし、みなさんが引っ張ってくださって現場に溶け込むことができました」

志尊さんが演じるのは、天空不動産の新入社員・山田正義。正義と書いてジャスティスと読み、愛称は〝ジャス〟。

「インパクトはありますけど、この世界観だったら普通のことなのかな?と、撮影がはじまってみると最初に感じた違和感はどんどん薄れていきました。ジャスと呼ばれる、ニックネーム的な感じもチームに溶け込めたようで嬉しかったです。ジャスのキャラクターは、帰国子女でテンションとしては高いのですが、それは本質的な高さではなくバックグラウンドがある上で意識的に作っている高さでした。みんなの中では天真爛漫で無邪気に見えるけれど、内に秘めたものがある。その微妙な表情の違いを意識して表現したつもりです。この作品は、特に現場の空気やその場で生まれたものを大事にしているので、つくり込もうという意識はありませんでした」

何が起こるか誰もわからない 脚本を超えていく感覚

オリジナルキャストの方たちと撮影を重ねる中で気づかされることがあったという。初心を忘れちゃいけない、と。

「脚本はセリフを覚えるよりも、ストーリーの流れを覚えていくようにしていました。でも、ト書き通りにはならないことばかりで、何が起こるかわからない面白さがありましたね。ジャスを演じる上で、大切にしたことは、キャストのみなさんとの関係性と距離感をつくること。自分の役が実際に動いたらどうなるのか、突飛なことをされたときのリアクションにしても、相手との関係性と距離感が定まっていないとその都度ブレてしまう。みなさん根っこの部分でお芝居をされているから、表面的になってしまうと成立しない。みせようとするのではなく、気持ちで動いて、その場で起きたことに対して反応していく。芝居の根本を思い出させていただける現場でした」

手練のキャストたちが本番で何を仕掛けてくるかわからない状況。そこで臆することなく伸び伸びと演じられたのは田中さんのおかげだった。

「圭くんとは共演経験はありましたが、ガッツリ絡むのは初めてでした。撮影初日が終わった後、圭くんと監督と3人でご飯に行ったんです。初日に探り探りだった僕に、ドラマからみんなで築き上げてきたことを話してくださり、最後には『遠慮なんかしないで、好きなことをやれ』と背中を押してくださいました。実際のお芝居でも、ものすごく引き出してくれる方。僕が発信したものを肯定しながら、強引ではなく自然と引き出してくださいます。ジャスは圭くんがいて生まれたキャラクターといっても過言ではありません。プライベートでもキャストやスタッフさんみんなをつなぐ架け橋になっていて、役者としても人としてもとても素敵な方でした。鋼太郎さんとは、うどん屋さんでのシーンが印象に残っていて、面白いシーンになっている自信もあります。圭くんが本番で吹き出したのも初めて見た気がします。僕はただ鋼太郎さんが仕掛けてくるものに本気でこたえているだけで、それも鋼太郎さんが引き出してくださった。圭くんには『志尊のことを認めてないと鋼太郎さんはあんなことしないから』と嬉しい言葉をいただきました。『おっさんずラブ』は仲も良くて、チームワークも抜群だけど、馴れ合いにならないメリハリのある現場。その舵を切っていたのが圭くんでした」

人が愛を紡いでいく姿を やさしく包み込んだ作品

志尊さんは春田とジャスティスの関係性をこう捉える。

「ジャスが春田さんを思う気持ちも、春田さんがジャスを思う気持ちも恋愛感情ではないし、お互いもそれを認識している。でも、ゼロかと言われるとゼロとは断言できない。ジャスは春田さんのことを人間として本気で愛しているからこそ、自覚はないけど恋しているような瞬間があってもいいのかなと思って演じました。そうじゃないと花火大会のシーンは演じられなかった。ジャスと春田さんの関係性は、見ている方がどう想像するかお任せしたいと思います。実際に春田さんのことが好きだったんじゃないかと思う方もいれば、結局ただの先輩と後輩じゃんって思う方がいてもいい。ジャスに計算はまったくなくて、春田さんとふたりでいるシーンは一緒にいることを素直に楽しみました。屋上でバスケをしたり、バスの中で他愛もない会話をしたり、その時間を大切に過ごしました」

作品を経て気づいたことがある。

「ファンの方たちの愛情は撮影中から感じていました。この作品が愛されるのは、描かれる恋愛が男同士ということに重きを置いていない点だと思っています。人として、個人として愛を紡いでいて、その愛が育まれている様子を周りの人や環境が当たり前のものとして受け入れている。僕がこの作品に携わりたいと思ったのも、恋愛のカタチは自由でいいし、少しでも力になれたらと思ったから。劇場版でも温かい世界は変わらずに受け継がれています」

思い出のワンシーン

Recommend Scene

ゆで五郎でのジャスの何気ない発言が部長の嫉妬心に火をつけ、ドタバタの痴話喧嘩に発展。

明日からマネできる

ジャス&マロのおしゃれCHECK

スーツの着こなしにも個性があらわれるもの。
営業所きってのファッショニスタ２人をクローズアップ！
おしゃれアイデアを取り入れてみてください。

チェックがトレードマーク ネクタイに可愛さを忍ばせる

栗林歌麻呂さん
（不動産会社勤務）

「グレーのチェック柄スーツが定番。時計は最近、デジタルからアナログに変えました。ビジネスマンっぽいっしょ」

柄で遊ぶ

☑ マロのネクタイcollection

❶赤をベースにした花小紋で華やかに。❷遊び心満載のネクタイ柄。小さなネクタイにもちゃんと柄があるのです。❸黄色に小紋で男の愛らしさを。❹ドットもマロのお気に入り。

☑ ヘアでイメージを変える！ デキる男・マロ

オールバックでデキる男に

一生に一度の大事な時は凛々しい眉を見せるヘアに。目力アップ！

彼女だけに見せるリラックスヘア

前髪をおろしてあどけない表情を演出。キメすぎないゆるさが◎。

クセ毛風パーマで男の色気を演出

ゆるい動きをつけ、前髪はしっかり分けて立ち上げクールに。

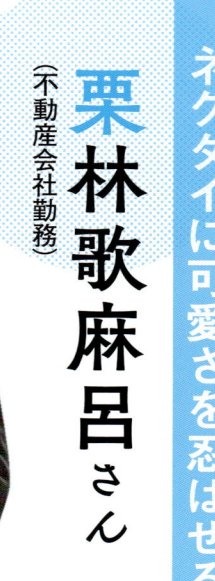

誰のマネでもなく色を操り スタイリッシュに決める

山田正義《ジャスティス》さん

（不動産会社勤務）

「モスグリーンやキャメルなどカラースーツが好き。カタにハマらない派手なニットタイでジャス流カジュアルにしました」

色で遊ぶ

☑ ジャスのネクタイcollection

❶さわやかなブルーに合わせてベストの柄もブルーのドットに。❷太めのマルチボーダー。❸ストライプシャツ×ドットのベストにえんじ色をオン。❹目を引く鮮やかなオレンジ。

☑ 靴下も派手!!

「無地じゃつまらない。靴下だって柄ものに。靴はドクターマーチンの3ホールが可愛い」

白のタキシードもお似合い♡

☑ 機能性とおしゃれを兼ね備えたレザーのリュック

「営業職なので動きやすいリュックに。きちんと見えるよう素材はレザーで、色はネイビーをチョイスしました」

☑ アッシュを入れて外国の男の子風ヘアに

「トレンドを意識して、ただ明るい茶色にするのではなくアッシュを入れました。クセ毛っぽいやわらかい質感も好き」

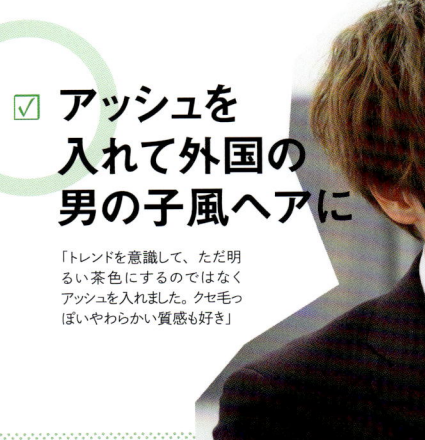

ココにLOVE

黒澤部長は頼れる上司

仕事上のトラブルに対して、誰かを責めることなくフォローする包容力のある理想の上司。弱い一面も隠さず、人間味にあふれる方。

\ 目が離せない! /

武川主任の見守り愛

眞島秀和さんが見どころを解説

連ドラでは春田をめぐる第三の男として強烈な印象を残した武川政宗。冷静沈着で仕事ができる男を演じる眞島さんに、劇場版での注目ポイントを聞きました。

春田と別れた部長をこの1年、陰でそっと見守っていたのでは

「部長の手を煩わせないよう、部下の面倒をみながら普段通りに仕事をしていたと思います。ただ、部長のそばにいて、時折さみしそうな表情をする顔を見ていたんじゃないかな」

部長が事故に……

心配で心配で思いが募る

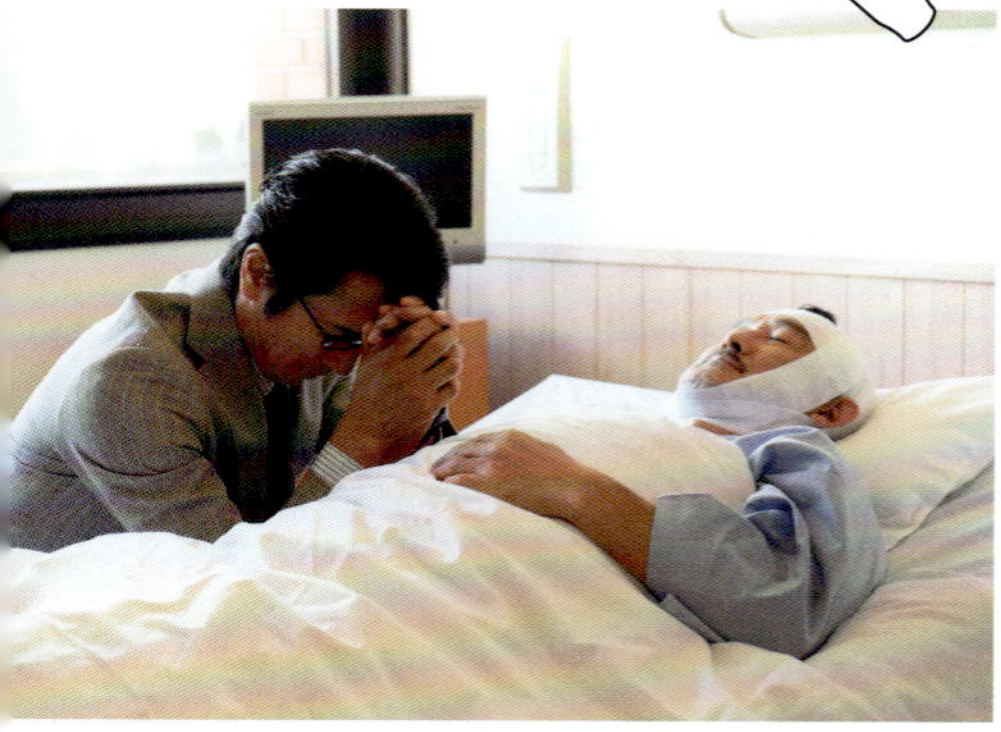

「部長がケガをしたり、事件に巻き込まれたりしなければ、武川は今まで通り思いを秘めたまま過ごしていたかもしれませんね。膨れ上がっていく思いに気づいて、気持ちをぶつけたのかも」

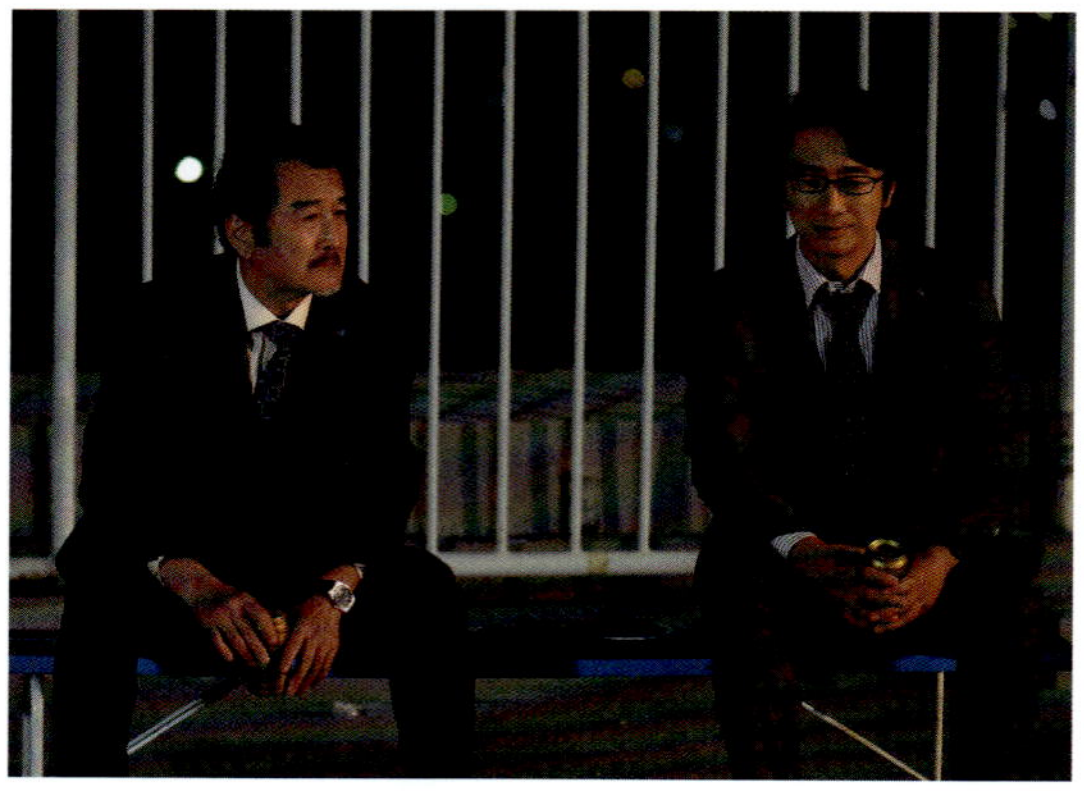

記憶喪失の部長とふたりで花火を見た夜。

穏やかな時間のようで切ない…

「武川は自分の幸せよりも、相手の幸せを優先して考える人。それが表れているシーンになったと思います。(取材時点では)まだ見ていないので、僕自身楽しみな場面」

ドラマと変わらず愛を持って全力でやりきった

映画化の決定に、またみんなで集まれる喜びを感じたという眞島さん。

「役者として単純に、あの現場にまた戻れるんだという楽しみがありました。役者の組み合わせの妙というか、相性がとてもよく、演じていてワクワクする現場なんです。家で武川のセリフはこうで、動きはこんな感じかなと脚本を読んでいくのですが、圭くんや鋼太郎さん、遣都と向き合うと、一人では浮かばなかったアイデアがどんどんわいてきて、本を読んだときより面白くなっていく。でも、誰一人として突っ走っていなくて、役の延長で生まれてくる自然なセリフの応酬が楽しいんです」

　連ドラの終わりは部長との恋を予感させるような描写も。この1年、武川の変化とは？

「あまりそこは意識しなかったです。他の人に比べて、武川に大きな変化はなく、中間管理職として粛々と仕事をしていたと思います(笑)。1年ぶりという気もしなくて、役にもスムーズに入れましたし。武川って神経質で真面目で、役柄的に不自由な感じがするけれど、とても自由に演じられる役なんです。物静かに見えて、感情が爆発するときがあるでしょ？ ベースは大事にしながら、僕なりの解釈で振り切って演じても、武川ならこういうことするよね、となるのが面白いんですよ」

危ない!!

咄嗟に部長を守る武川の姿は要CHECK

「部長への気持ちが本当ならば、危険なときにかばおうとして勝手に体が動くのでは、と思いました。ハイスピード撮影だったので、細かい動きもとらえられると計算してのリアクションです」

もう逃したくない！

気合いの足ドン!!は必見です

「連ドラのときに話題になったと聞いていたので、やるからには高く足を上げたくて武川というよりは、眞島として気合いが入りました(笑)。入念な準備をして臨みましたが、プルプルしてるかも」

「足ドンを受ける鋼太郎さんの表情にも注目してほしいですね。僕は笑わないようにするのが大変でした」

CHECK POINT!

番外

部長とのこれからを想像してみたら…

「映画のラストを見る限り、いい関係になるのでは。きっと、ふたりで穏やかな時間を過ごしていけそうな気がしますね」

〝足ドン〟など、劇場版でも武川らしいシーンがちりばめられている。

「2時間という枠のなかで、何か爪痕を残したいと思うのが役者魂というか……。足ドンは見せ場のひとつではありますが、他にもちょこちょこ遊びを入れています。後半で、営業所のメンバーが本社に乗り込むシーンでは、ひとりひとりアップになるときに〝メガネを外して、またつける〟という動きをしています。見ている人は一瞬、え？何？と気になると思うんです。カッコいいシーンだからこそ、コメディ要素を入れ込みたくて。小さなことでも気づいていただけたら嬉しいです」

映画だからと気負うことなく、胸を張って全力投球できたという。

「僕は続編ができることが本当に楽しみだったし、役者、スタッフみんなが作品に対して愛情を持ってつくっているのを感じられて嬉しかったです。劇場版は、見てほしいところがありすぎて困りますね。アクションあり、爆発アリ、恋のバトルありですが、ドラマから変わることなく役者全員が全力投球でやりきりました。そこは自信を持って言えるので、存分に楽しんでほしいですね」

Profile

Hidekazu Mashima

1976年11月13日生まれ。山形県出身。2001年映画『青～chong～』でデビュー。近年の作品に映画『愚行録』ドラマ『スパイラル～町工場の奇跡～』『偽装不倫』『サギデカ』がある。2020年大河ドラマ『麒麟がくる』に出演。

＼ 蝶子LOVEがとまらない! ／

金子大地さんに聞く マロの大人化!? 計画

空気の読めない新入社員として注目を集めたマロこと
栗林歌麻呂。部長の元妻・蝶子さんに恋をすることで
ぐっと男らしく成長しました。金子さんに、マロの見どころを聞きました。

新入社員のときは…

大人の男ヘア

髪型ってけっこう大事っす ワンアップ感出してみました

「外見とメンタルはつながっていると思うので、役づくりにおいて重要なポイント。マロらしいチャラさは残しつつ、大人っぽく見えるようパーマをかけたのが大きな変化です」

大人の仕事!?

実は、新入社員に 軽くジェラッてます

「ジャスティスっていう名前がズルいですよ(笑)。連ドラではマロが新入社員として盛り上げ役だったので、映画ではジャスに担って欲しかったけど、そこはまだまだマロの役目でした(笑)」

蝶子への本気愛が マロの成長に つながった

連ドラから携わっているスタッフが口をそろえて「大地くんは変わったよね」と言う。しかし、本人にその自覚はあまりないようだ。

「最年少であの現場に入って、キャリアのある先輩方と一緒にお芝居をすることは、刺激的だったし得られることもたくさんありました。でも、人って1年くらいではそんなに変わらないと思うんです。それは、僕自身もそうだし、マロもそう。だから、1年という時間経過はあまり気にせずに演じました」

さらに共演者からは、金子さんが抱いていた新キャストである志尊さんへの闘争心について話があがった。

「志尊くんに対してだけでなく、相手が先輩であっても常に〝負けない〟という気持ちで臨んでいます。それは他の作品でも同じです。でも、ちょっとは思いましたよ。ジャスティス、もっと出てこいよ!って。営業所のシーンでは、今まで新入社員だったマロが盛り上げ役だったけど、今度はジャスの役目だろ、という意味で。結局、圭さんが『大地、何かやれよ』と僕にふってくるので、やるしかなかったです(笑)」

1年の変化はさほど感じないというが、ドラマの1話と劇場版では顔つきがかわり、金子大地としてもマロとしても成長がうかがえる。

「蝶子を本気で幸せにしたいという

大人の恋愛1

年の差は関係ない
ただ純粋に蝶子を愛するだけ

「蝶子が年上だからということは意識せずに、純粋に彼女が好きという気持ちを大切にしました。嫉妬もするし、怒ることもある。等身大のマロでぶつかっています」

大人の恋愛2

蝶子へのプロポーズは
まず部長に仁義を切ることから
順番は守る男なんで

「マロにとって重要なシーンでした。“蝶子さんを僕にください”と、素直にその時にわき出た熱量を持って部長に伝えました。蝶子ではなく、先に部長に許しを得るのがマロらしい」

気持ちがマロを成長させたのだと思います。営業所にいるときと、蝶子の前では違う顔を見せたいというのは意識していました。ドラマのときは空気が読めないというか、周りとズレてる感じを演じるのが面白くて。『～じゃないっすか』ってテンション高く言えば普通にハマると思うのですが、そこをあえて低いトーンで言うことで絡みにくい奴だなと思わせたかったんです。ただチャラいだけでは、〝モンスター〟なんて言われないはずなので、テンポを変えることで、にくたらしさを表現しました。チャラさは蝶子と出会うことで、徐々に薄れていくけれど、完全には抜けない。そこがなくなったらマロではなくなる気もするので」

撮影はあっという間で、マロをもう少し楽しみたかったという。

「欲を言えばもっと営業所で先輩たちとからみたかったですね。映画は色々な事件が起こり、盛りだくさん。爆発の中、部長が出てくるシーンは刑事ドラマみたいでした(笑)。事件が起こることで、それぞれの関係にも決着がつき、マロもやっと蝶子と結婚！　いいものをつくりたいというみんなの気持ちの結晶です」

Profile

Daichi Kaneko

1996年9月26日生まれ、北海道出身。2014年アミューズオーディションフェスで俳優・モデル部門を受賞しデビュー。最新の出演作は、ドラマ『明日の約束』『腐女子、うっかりゲイに告る。』、映画『家族のはなし』がある。

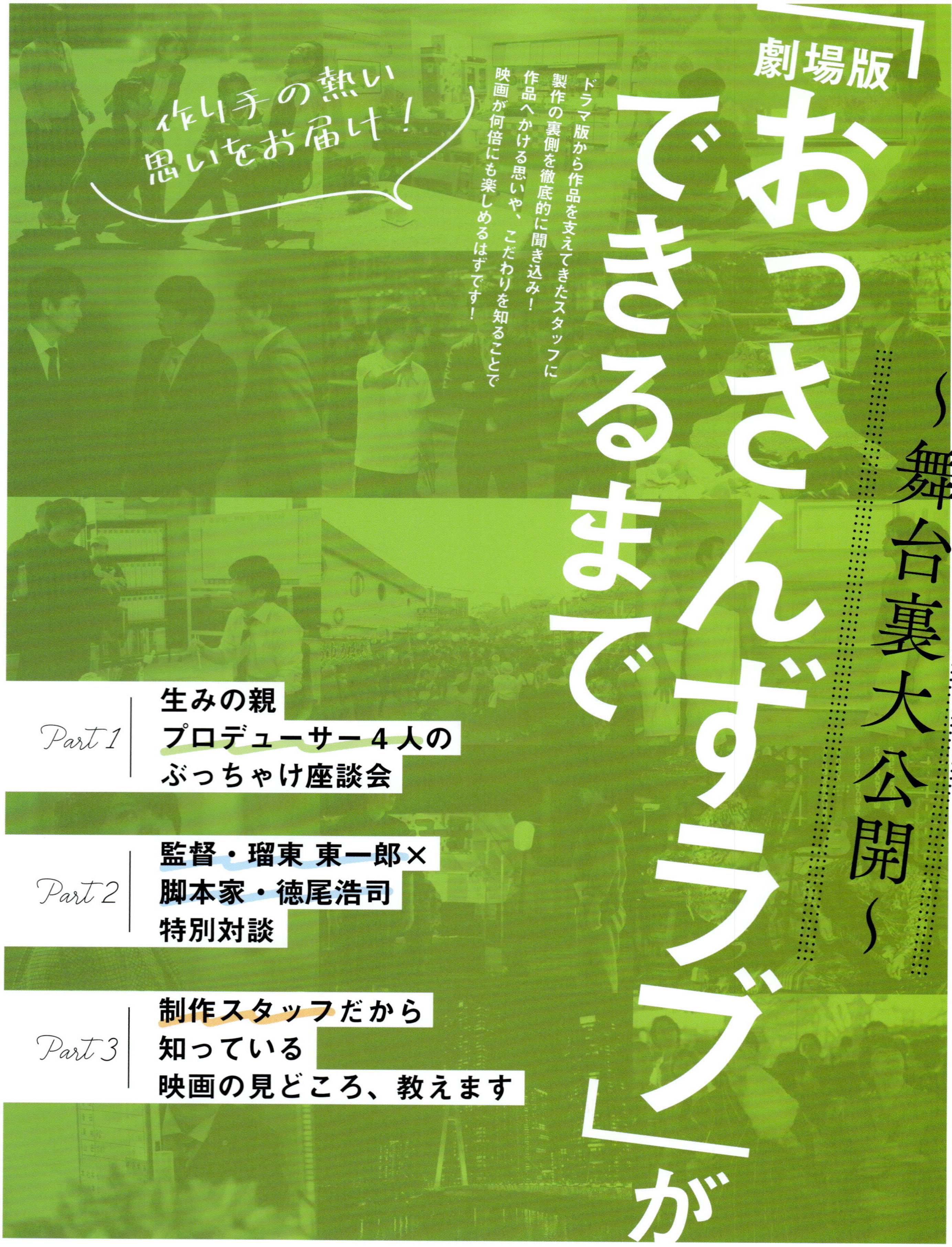

劇場版「おっさんずラブ」ができるまで

～舞台裏大公開～

ドラマ版から作品を支えてきたスタッフに製作の裏側を徹底的に聞き込み！作品へかける思いや、こだわりを知ることで映画が何倍にも楽しめるはずです！

作り手の熱い思いをお届け！

Part 1　生みの親 プロデューサー4人のぶっちゃけ座談会

Part 2　監督・瑠東 東一郎×脚本家・徳尾浩司 特別対談

Part 3　制作スタッフだから知っている映画の見どころ、教えます

\生みの親/ プロデューサー4人のぶっちゃけ座談会

深夜の単発ドラマからはじまった『おっさんずラブ』。「まさか映画になるとは」と企画を立ち上げた本人たちも驚いているそう。映画化にあたっての知られざる設定や、撮影裏話を聞きました。

プロデューサー
松野千鶴子さん
アズバーズ所属。『DOCTORS～最強の名医～』『オトナ高校』『僕とシッポと神楽坂』などを担当。

プロデューサー
神馬由季さん
アズバーズ所属。『DOCTORS～最強の名医～』『グッドパートナー』『緊急取調室』などを担当。

プロデューサー
貴島彩理さん
2012年テレビ朝日入社。バラエティ部を経てドラマ制作へ。『オトナ高校』『私のおじさん～WATAOJI～』を担当。

ゼネラルプロデューサー
三輪祐見子さん
1992年テレビ朝日入社。『緊急取調室』『DOCTORS～最強の名医～』『僕とシッポと神楽坂』などを担当。

まさかまさかの連続でここまできた

貴島　『おっさんずラブ』のはじまりは、社内の若手トライアル企画募集に企画書を出したことがきっかけでした。それまでプロデューサー経験がなかったので、企画が選ばれたものの、どうしたらいいのかわからず、三輪GPをはじめ、みなさまのお力をお借りして、つくり上げたものです。

三輪　私は貴島が独り立ちするための指導員というか、見守り係です(笑)。私が担当するドラマをよく一緒につくってくださる松野さん、神馬さんにも協力してもらいました。

神馬　脚本の打ち合わせやキャスティングはみんなで、撮影現場は主に私と貴島さんで進めていきました。何かあれば、松野にも相談をして。

松野　そうですね、私も三輪さんと同じ、見守り係です(笑)。はじめは深夜の単発ドラマでしたし、そこから連続ドラマになったのはギリギリ自然な流れかなと思っていましたが、映画化が決まったと聞いたときは「そんなことあるの!?」と正直、驚きましたね。

神馬　本当にぶっちゃけて言うと、私は深夜の単発から連ドラになったこともびっくりで。好評だったようだ……という噂は聞いていましたが、次があったとしてもSPドラマと考えるのが普通なので。

松野　連ドラの現場で「映画になったらいいね」とか、「またみんなで作品を作りたいね」という話はしていましたが、まさか……。

貴島　放送中に「ツイッターで世界トレンド1位」という文字を見ても、相変わらず視聴率自体はふるわなかったので、自分たちでも「世界ってどういうことだろう……」という感じで。もちろん野望はありましたが、正直映画化なんて夢物語だと思っていました。なので、最終話の本をつくっているときも続編の話は一切なく「気持ちよく完結させよう」と全力投球しました。今となってはまた同じメンバーで集まることができて、こんな奇跡があるなんて、とただただ嬉しい気持ちです。

はるたんが戦国武将になっていたかも!?

貴島　映画化が決まってからは、どんな話にしようかというところから脚本の徳尾さんと私たち4人で話をしました。オリジナル作品だから何でも自由だね、と。

神馬　そもそもどこからはじめようか?となりましたよね。

貴島　私が冗談まじりに、戦国時代をやりたい!と言ったり。

神馬　武蔵が織田信長で、武川が明智光秀で……。

貴島　春田が森蘭丸的ポジションに拾われて「と、殿殿殿!」ってなって。最終的にマロが豊臣秀吉で天下を獲るとか(笑)。

松野　貴島さん、戦国時代好きだからね。役名もそこからきているんですよね。

貴島　はい、そうです(笑)。ただの趣味趣向ですね……。

神馬　ネーミングセンスがとってもいいんですよ、貴島さんは。

松野　他に島に行く話もありましたね。天空不動産のみんなで島に行くんだけど、帰れなくなってしまって、漁船に乗った狸穴に助けられて……。沢村さんの漁師姿、きっと素敵だよねなんて話ながら。

神馬　牧が魚をさばく腕が見事で、狸穴に認められる……みたいな話でしたよね(笑)

三輪　ただ決して奇をてらいたいわけではなく、単純にどんな話だったら映画館まで足を運んで観てもらえるだろうということを、真剣に考えていました。

神馬　テレビはピッとつければ見られるし、ながら見もできるけれど、映画は時間とお金をかけて観ていただくものなので。よっこいしょっと腰を上げてもらうためには、どういう仕掛けをしたらいいのかをはじめに話し合いました。

貴島　それで「爆破してみる?」とか「遭難しちゃう?」という設定が出てきたりして。

映画館に足を運んでもらうにはどうしたらいいか、課題のひとつでした
──三輪さん

裏側見せます *Part 1*

三輪　あとは、映画らしいスケール感も大事にしたかった。

貴島　せっかく機会をいただいたなら、ドラマでやれなかったことをやろうと。私は個人的に「好きな人と見ない花火は、全然きれいじゃない」というシーンもやりたくて（笑）。スキマスイッチさんの主題歌『Revival』の歌詞にも"打ち上げ花火"と出てくるので歌詞とリンクさせたい思いもありました。幸せな花火大会じゃなく、全員片思いのせつない花火にしたいと。

神馬　ベースにある春田と牧の関係性についてもみんなでしっかりと話しました。ドラマのラストで、思いを確かめあったふたりはそう簡単には別れないだろうと。じゃあ、ふたりの関係を揺るがすようなことは何か？と。パッと浮かぶのは"ライバル登場"だけど、あれだけの想いで繋がったふたりの関係が、そんな簡単な事で揺らぐかな……とか。

貴島　私は「いやいや、まだ好きだ！って気づいて伝えただけだから、今は燃え上がってるけど全然別れる可能性はある！」と主張していましたね（笑）。

松野　私たちは世代もバラバラだし、既婚・未婚者がいていろいろな目線で話ができるのが強みだと思っています。恋愛観って人それぞれなので、そんな考えもあるのかと、色々な方向を探ることができるんです。

神馬　ちなみに、最初ジャスが春田を呼ぶときの呼び方は「ソウイチー！」だったのですが、ラストの春田と牧の会話を効かせるため、映画で「創一」と呼ぶのは牧だけ、という形にこだわり、徳尾さんに変更してもらいました！

伝えたいことはドラマから変わることはない

三輪　派手な仕掛けに目がいきがちですが、それは1時間と2時間の違いもありますね。たとえば2時間のサスペンスドラマだと、冒頭で殺人事件が起きて、1時間をまたぐあたりで、また事件が起きたりしますが、途中でもうひと展開ないと2時間ドラマは飽きられてしまうだろうな、という経験から構成を考えたりもしました。

貴島　私は1時間のドラマしかつくったことがないので、この感覚がわからなくて。先輩方に教わることばかりでした。

三輪　映画は、1時間たたないうちにサウナのシーンがくるように構成されています。ひと悶着あることで、観客が飽きないように計算できたらいいなと思ってつくりました。ただ最初に映画の脚本を渡したときは、映画ならではのスケールチェンジに俳優部から意見があったりもしました。

貴島　それを受けて我々も、改めて『おっさんずラブ』のテーマについて真剣に話し合いました。とんでもない事件が起きるけれど、"人が人を好きになる恋愛ドラマ"という信念を忘れているつもりはないと。

三輪　脚本にはあえて描いてはいないけれど、それぞれのキャラクターがこの1年、生活してきた中で変化もあっただろうし、悩みや葛藤もあっただろうと。そういうバックグラウンドは、一緒に現場で埋めていきたいと。

貴島　新キャラのふたりについては「新たなライバル出現……と見せかけて、実は全く恋のライバルではない。だから二重的で難しい役かもしれない」というお話をオファー段階からお伝えしました。

神馬　先ほども少しお話ししましたが「ライバルの出現で気持ちが揺らぐふたりではない」という結論が前提にあってのことです。

貴島　ただ世間はきっと予告や宣伝展開を見て、沢村さんと志尊さんを「恋のライバルだ」と思って映画を見るだろうと。あえてそう見せたいと。そして映画を最後まで見た後に「いつから自分たちはそう思っていたのか」と悔しく思ってもらえたら嬉しいなと……。映画のテーマは「夢と家族」。春田と牧が揺らぐのは、他人同士が一緒に暮らしたり、家族になるときに、誰もがぶつかるであろう「本当にこの人でいいのかな」「自分がやりたかった仕事と両立できるのだろうか」という当たり前の悩みにぶつかったから、にしたかった。

神馬　どうしても五角関係や爆発に目がいきがちですが、一番大切なのはそこだと思って。

貴島　一見地味でシンプルで、当たり前のことまっすぐ描くのが『おっさんずラブ』。映画になっても変わらない部分だと思ってつくりました。

祭りといえば水飴だと譲らなかった田中圭さん

松野　連ドラのときに沢村さんもテレビ朝日の別ドラマに出演されていて、スタジオで会うと『おっさんずラブ、面白いね』とおっしゃってくれていて。

三輪　話をつくっていくなかで、そういえば、この世界観にピッタリな人がいた！と思って。前からお仕事させていただくことが多か

ライバルの出現だけでは春田と牧の関係は揺らがないと信じています

── 神馬さん

大勢のエキストラのみなさまに支えられて素敵なシーンが撮れました

── 松野さん

新キャストの沢村さんと志尊さんは連ドラを見ていたこともあり、『おっさんずラブ』の世界観にすっと溶け込んでくれた。

田中圭さんのこだわりがつまった花火大会のシーン。「水飴は絶対」という田中さんを、林さんは微笑んで見ていたそう。

裏側見せます *Part 1*

大事件も勃発しますが、軸は王道恋愛ドラマ。カップルが直面する問題を描きました

── 貴島さん

った沢村さんにお願いしました。
貴島　志尊さんは可愛らしい容姿と真逆に、ご本人の中に確固とした強い芯のようなものを勝手ながら感じていて。ただ陽気なだけじゃないジャスを演じていただいたら、役が素敵に育つのではと思い、オファーさせていただきました。思い出深いのは、春田との花火大会シーン。あの日は極寒で、湖も指先を水につけただけで叫びそうになるくらいの冷たさだったにも関わらず、志尊さんは全くそれを気にせず、気づいたら熱演のあまり湖に腰までつかっていて。熱い役者魂に胸を打たれた瞬間でした。
神馬　こうきたか！といえば、ゲストのゆいPさん。あのシーンは何度見ても笑ってしまうほど。
貴島　ドライ(段取り)までは普通にお嬢さま風に演じていたのですが、監督が「ゆいPさんに寄せてやってみてください」と伝えたら、ガラッと変わって突然ヤンキーに(笑)。でもカットがかかったらご本人は慎ましやかに「大丈夫でしたか？」と心配されていて、もう何がゆいPさんの素なのかわからなくなりました(笑)。
松野　沢村さんが、サウナシーンを終えてスタジオから出るときに「この3人はやっぱりすごい」と言っていたのが個人的に印象に残っています。長いこと沢村さんと一緒にお仕事をしていますが、田中さん・吉田さん・林さんは、沢村さんほどのベテランでも驚く3人なんだなと。
神馬　眞島さんの足ドンにかける熱量もすごかったですね。監督に足の位置や高さを入念に確認していましたから。
松野　家でも練習していたというウワサですよ。
貴島　本気といえば、屋上で春田とジャスがバスケをするシーンではふたりとも真剣にやりすぎて息があがってバテバテに(笑)。そのまま映画で使われています。
神馬　花火大会のシーンで、台本通りリンゴ飴と綿菓子を用意したら、田中さんが「お祭りといえば絶対に水飴でしょ！」とこだわったのも面白かったですね。
貴島　エピソードがたくさんあって、時間が足りないですね！

ファンの存在をリアルに感じることができた

神馬　香港ロケのときに、現地のファンの方たちに声をかけていただき、驚きました。
貴島　世界中にファンがいる……とニュースで見ることはあっても実感はあまりなかったので、声をかけていただいたときはすごく嬉しかったです。しかも日本でしか買えないグッズを持っている方もいて。わざわざ足を運んでいただいたのか、と感動でした。
松野　花火大会や本社でのシーンなども多くのエキストラの方々にご協力いただきました。みなさん、とても寒い中にも関わらず、楽しそうに参加してくださって、感謝の気持ちでいっぱいでした。
貴島　チームの一員となってお芝居をしやすい雰囲気をつくってくださる方たちばかりで、キャストもみんな喜んでいました。
神馬　花火大会のエキストラには二千人ほどの応募があったそうで。ドラマは視聴者の顔が見えない仕事なので、本当に沢山の人が見てくれているのだろうかと半信半疑でしたが、この数字を聞いたときに、すごいな！と。普段はこんなに応募が来ることはないので、本当だったんだな、と思いました。

奇跡のトライアングルが生んだ新たな奇跡

三輪　田中さんと林さんはラブストーリーで欠かせない心の揺れや動きを表現するのがとても巧みで。田中さんは巻きこまれて動揺する揺れ方で、林さんはせつなさが全面に出る。ふたりがいたからこそラブストーリーが描けたし、そこに圧倒的な存在感の鋼太郎さんが加わると無敵。
神馬　そうですね。田中さんだからこそ愛される春田が生まれたと思うし、鋼太郎さんは画ヂカラがすごくて、いないと物足りなさを感じるくらいで……。
松野　一瞬にして武蔵劇場にかえてしまう力がありますよね。林さんは、やさしいだけじゃなく男らしさもありつつのせつなさを見事に演じてくださいました。
神馬　連ドラの6話が印象的という方が多いと思いますが、私はラストよりもその手前にぐっときてしまいます。春田がちずの告白を受け止めてしまったときの動揺する顔が、田中さんうまいなーと。そして、それを見てしまったときの牧の表情。あのシーンは繰り返し見てしまいます。役者さんたちの繊細な芝居に支えられているんだと、映画の撮影を通して改めて思いました。
貴島　違う魅力をもった役者陣が、それぞれリスペクトし合いながら真剣に芝居合戦をしているのが、本当に素敵だなと思います。鋼太郎さんが出てくるだけでみんなが笑顔になれちゃうのは、あ～もうズルい方だなぁと思います(笑)
神馬　ホワイトボードをガラガラと引きずってくるだけで笑ってしまいます。
松野　『おっさんずラブ』で描いていることの中には、やり過ぎると拒否反応を示す方もいる繊細な内容もあるので、そのあたりを演じているみなさんが理解して、さじ加減がわかっているのも強みでした。まさに奇跡のトライアングル。
貴島　新たなキャストとともに、チーム一同パワーアップして全力で臨みました。お客様が、劇場の帰り道、満面の笑顔になっていたらいいな、と願います！

ホワイトボードに隠れて、はるぽんに接近する部長。ガラガラとボードを引きずる姿に笑いが止まらなくなったスタッフも。

「いつものゆいPさんに寄せて」と言われて演じたシーン。お嬢さまルックに、ガサツな男っぽいしゃべり方がハマった。

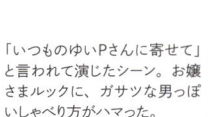

裏側見せます *Part 2*

監督 瑠東東一郎 × 脚本家 徳尾浩司 特別対談

徳尾さんの本はワクワクが止まらない

脚本は僕から監督、俳優へのラブレターです

原作のないオリジナル作品が減少しているドラマ界に嵐を巻き起こした『おっさんずラブ』。新たなステージへとあがった劇場版でも変わらず笑えて泣けるラブ・コメディに。名シーンの裏側など制作秘話を聞きました。

徳尾　連ドラを書いているときは全7話を思いきりやって、完結させようと意気込んでいたし、実際、いい終わり方ができました。「やりきった！」と思っていたら、映画になるというので、正直、頭を抱えましたね。

瑠東　そうですよね、ふたりの思いが通じ合って終わったわけですから難しかったと思いますよ。

徳尾　まずは連ドラがどう終わったかをしっかりと見つめ直しました。春田が牧への気持ちにちゃんと気づいて、もう離れたくないとプロポーズをして終わりましたよね。勢いもあったかもしれないけれど、そこにウソはなくて、じゃあ現実問題そこからふたりでどう生活していくのか、結婚までの道のりは？と考えていきました。映画になったとたん、やっぱりウソでした！と巻き戻しになるのは嫌だったので。

瑠東　男女の恋愛においても結婚することになれば、乗り越えないといけないことがあるし。仕事のこと、お互いの家族のこととかをリアルに描きたいと思ったし、そこで深みを出したかった。

徳尾　それに、春田も牧もちょうど仕事が楽しくなって脂がのってくる世代だから、仕事における夢も描きたいと考えていて。大人になっても夢があっていいし。そこで、夢と恋愛を軸にして深く物語を紡いでいければいいなと。

「結婚までの道のりをリアルに描きたかった」
―瑠東さん

瑠東　僕はプロット（あらすじ）の段階で参加したのですが、その時点ですでに面白いなと思いましたよ。連ドラでもいろいろと乗り越えてプロポーズに至ったけれど、その先の葛藤をちゃんと描くことに意味があるなと。そういえば、今までちゃんと聞いたことがなかったけど、徳尾さんって脚本を書くときはどうやって進めてるの？

徳尾　え？どういうことですか？

瑠東　ほら、先にキャラクター設定をする人と、まずはあらすじをつくっていく人といると思うんだけど、どのパターンかなと思って。

徳尾　ああ、そういうことですか。まずはプロデューサーと打ち合わせをして、ストーリーの構造を組み立てたら、マグネットに名前を書いて、動かしていきます。ここに部長がいてほしいけど、夜だから無理だな……とか。気持ちだけで動かしていくと整合性がとれなくなるので。

瑠東　なるほど！　徳尾さんは理系だからそういうところがちゃんとしていますね。ちなみに、映画のストーリーはどういう発想で？

徳尾　もちろんプロデューサー陣と話をして、最初は天空不動産が島のリゾート開発をするために島へ行き、帰りに船が沈んでしまう……というタイ○ニック的な要素を盛り込んでいたのですが、その案はある時期を境になくなりました。次に社内だけの話にしてみたけれど、それでは映画らしいスケール感に欠けるなと感じて、違う方向を考えていきましたね。春田が上海へ行っている設定なので、そのあたりと絡めるのもいいかなとか。何度も話をして、結局は連ドラをはじめるときに考えていたショッピングモールを建てるために地元の人達に立ち退いてもらうエピソードを盛り込みましたね。島の話は……映画の第2弾があれば、やるかもしれません（笑）。

瑠東　無人島の設定にしようとしていたのはなんとなく聞いてましたよ。プロデューサー陣のアイデアや、やりたいことって面白いんですよね。僕らだけじゃ思いつかない〝胸キュン〟ポイントもさすがです。

徳尾　僕は少女マンガも好きだからわりとキュンキュンするっていうのが理解できるけど、その感じ方は人それぞれなので面白いですよね。そう、話をしていると面白いんだけど、プロデューサー4人に対して僕ひとりなので、多数決の理論では負けがち（笑）。瑠東さん、早く来てーって思ってます。

「無人島を舞台にした設定は第2弾(!?)でやりましょう」
―徳尾さん

瑠東　（笑）

徳尾　プロデューサーは全員女性なので、その考えは女性らしいなと思うことはあるけれど、男対女には絶対にならなくて。そこが『おっさんずラブ』が多くの人に受け入れられる作品になったベースな気がします。

瑠東　バランスがいいんですよね。壁ドンとかキュンキュンすることを思いついてくれるのはプロデューサーたちで、それを徳尾さんが書いて、僕が撮る。演じるのは田中圭、吉田鋼太郎、林遣都っていう。女性が考える胸キュンを男たちがどう解釈して動いていくかに面白さが出ていると思います。

台本に「！」しか書かれていなかったシーン。監督と田中さんで、どう調理するかを相談。

「相変わらず真っ直ぐな人たちの集まりでした」

――瑠東さん

徳尾　面白さでいえば、役者のアドリブもクローズアップされがちだけど……。

瑠東　実はここからアドリブで……とは考えたことがないんですよね。今、セリフ通りに言わなかったよね?とも思わないし。

徳尾　僕は舞台も演出をするので、稽古をしていると、本に書いたセリフがハマらなくなることがあるので、「台本通りに一語一句そのまま言ってください!」とは思わない。セリフを変えることで面白くなるのであれば問題ないですから。それに、現場で監督やプロデューサーがそうしたいと思ったなら、どうぞ!という気持ちでいます。瑠東さんは感情の揺れ動きや、大切にしたいことをちゃんと切り取ってくださる方なので、連ドラのときから安心して無茶をやろうと思って書いていましたから。監督がどうやって撮ろうかな、役者にどう説明したらいいんだろうと迷う本は、いい本だとは思わなくて、僕は。だから、どう味つけをしてやろうかとワクワクしてもらえる本にしたいと常に思っています。今回も瑠東さんへのラブレターのつもりで一生懸命書きました。

瑠東　ホンマ、ワクワクしましたよ。相変わらずバカなことやってるし、でもピュアで真っ直ぐな人たちが描かれていて。

徳尾　明らかに話の筋が変わるのは困るけれど、そこは安心して瑠東さんにおまかせできるので。僕が書いた設計図のなかで動いている人たちを演じるのは生身の人間で、そこに生きている。それに、コメディって、いくら本が面白くても芝居がうまくないと心の底から笑えないんですよ。役者の力もありますけど、そこは瑠東さんの采配あってのこと。見てくれる人は、役者のクリエイティブな面に目がいきがちですが、そのお芝居をさせる瑠東さんの力があるからこそ。ワンシーンを撮るにしても、何度も同じことをやるわけだから、その場の思いつきではできないでしょ?　事前に監督と話をしていると思いますよ。

瑠東　基本、そうですね。さっき、徳尾さんは、脚本はラブレターだとおっしゃったけど、僕にとっては指示書だと思って受け取っています。徳尾さんの本は読むだけでもめちゃくちゃ面白いんです。でも、書いてある通りにセリフを言うだけではコメディは面白くならない。例えば、このセリフ、鋼太郎さんならどう広げてくれますか?どう爆発させてくれますか?と問いかけていて、それを僕もどうすればいいか考えていきます。

徳尾　映画の特報が流れたとき、驚きました。今回、現場に一度も行けなかったのであれが初めて見る映像だったんです。最後に春田がぶって噴きだすシーン、あれ、最高!　笑っちゃいました。脚本のト書きには「春田、噴きだす」なんて書いていなくて、ただ――春田「(目が合う)!」――だけ。普通なら「おっ!」と顔だけで驚くだろうけど、圭さんは「食べてるだろう麺、噴きだすわ」ってなるだろうし、監督も「じゃあ、こうしてみる?」なんてやり取りがあったのではと、僕は想像しますね。

瑠東　まさにそう。そこは徳尾さんと僕らとの信頼関係があってこその「!」だけで。ビックリマークひとつしか書いてないからこそ生まれたシーンですね。もっと細かく、お茶をひっくり返してイスから転げ落ちるとか書かれていたら、ああは面白くならなかった。僕らは徳尾さんからの「その場で生まれた驚きを表現してください」という指示だと受け取りました。

徳尾　具体的すぎると役者が冷めると思うんです。面白くこけるのか……と考えてしまうし。お茶をこぼさないと、イスから落ちないと、というプレッシャーにもなって。

瑠東　ああしろ、こうしろって言われてやるのは難しいですよ。役者はもちろん仕事ですからやるけれど、『おっさんずラブ』においては、それで生まれた面白さはいらないんです。

徳尾　ノープランに見えて実は計算されている。役者の力を引き出すのが瑠東さんは上手だから。きっと、役者さんたちは演じやすいと思います。

「取り繕うことなくウソのない芝居をしてほしい」

――瑠東さん

瑠東　アドリブのことにもつながるかもしれないけれど、今って情報がすぐ手に入ってあふれているから、ウソはすぐにばれると思っているんです。だから役者にもウソをつかずにやろうという話をしました。特に、初参加の志尊くんには、「本当のあなたでぶつかっていかないと笑いはとれないから」と最初にお話をしましたし、さらには「圭くんのことを本当に好きになってほしい」と伝えました。ジャスの春田へのLOVEは、先輩としてなのか友情なのかは問わないけれど、愛してほしいと。そこはぶれないでほしくて。

徳尾　ウソがないという点でいえば、脚本を書くときに演じてくれる役者さんのことはとことん調べます。オリジナルの作品なので、明確なキャラクター設定というのはぶっちゃけなくて。かといって

瑠東東一郎／バラエティ番組のディレクターを経てドラマ・映画監督に。主な作品にドラマ『黒い十人の女』『女囚セブン』『僕たちがやりました』『オトナ高校』『探偵が早すぎる』、映画『劇場版 新・ミナミの帝王』がある。

具体的な表情や仕草を指示するのではなく、感情の持って行き方を話すのが瑠東監督流。

沢村さんに典型的なエリートサラリーマンを演じてほしいわけでもないし、志尊くんに単なる可愛い年下キャラを演じてほしいわけでもない。どこか彼らの素の部分をまぜていかないとウソになるというか、しっくりこなくて。だから、志尊くん、沢村さんのインタビュー記事を読んだり、バラエティ番組を見たりして、どんなテンションでしゃべるのかなとか、ひとりでいるときはこんな感じかなと想像をしながら書いていきました。この作品に限らず、脚本家って占い師みたいなところがあるんです。あなたはこういう人ね、みたいな。そういうアプローチのほうがきっと演じやすいんじゃないかと思っています。だから、ストーリーを書くというよりは、彼らのお芝居を思い浮かべながら書いているといったほうがいいかも。

瑠東　占い師ね……なるほど。僕の仕事はサッカーの監督に似ているかな。僕はフィールドには立てなくて、パスをまわしてシュートを決めるのは選手。選手は役者ということですけどね。システムを決めて選手を動かすことはできるけれど、それでは個々の能力が発揮されないこともあるので、潜在能力を引き出すにはどうしたらいいかという戦術を僕は考えているんです。ガチガチにシステムを組んでも、試合に勝てないと意味がないじゃないですか。勝つにはどうしたらいいかを……。

徳尾　瑠東さん、これ、映画のオフィシャル本だよ(笑)。サッカー解説じゃないから。

瑠東　ははは、そうだった(笑)。

徳尾　でもね、瑠東さんの言うこと、わかりますよ。僕も役を決めるときに、この人はフォワードでと考えますから。でも、別にディフェンダーが点を決めてもいいんです！　あれ、またサッカー論になっちゃった。すみません(笑)。

瑠東　ちなみに僕の戦術のひとつは「用意、スタート」とはじまったら、役者を信じて任せること。もちろん、その前に僕の思いはきちんと伝えたうえで。ただ映画では、花火大会で春田と牧がケンカ別れをするシーンで、1回演じては3人で話をしてまた演じる……ということを何度も繰り返しました。牧が「今までありがとうございました」と最後に言うのですが、「ありがとう」という言葉に隠された思いをどう表現するかが、しっくりこなくて。だからといって、「こういう顔で」と細かく指示をしても意味がない。感情をどう持って行くかを話しながら、いい意味で苦しんでつくりました。

徳尾　瑠東さんはそういう感情の引き出し方が上手だし、本を見ながらここはキャラクターがうまく出てないねと指摘してくれますよね。映画で印象に残っているのは、部長と狸穴が会議室で対峙するシーン。最初は真面目にお仕事ドラマみたいに書いていたのですが、「徳尾さん、違うよ。もっとおもろ～な感じで」って。

瑠東　ああ、部長が「イエス、アイ、ドゥ――！」と言うところですね。シリアスとコメディの塩梅は常に考えていますね。そこをどう共存させるかがポイント。

徳尾　本気だから面白いのが『おっさんずラブ』だなって。

瑠東　笑いが目的になってはいけなくて、本当に伝えたいことの手段でなくてはいけないと、徳尾さんと話をしていて。だから「何やってんねん、しょーもないなー」って腹を抱えて笑いながら、本気の愛に気づかされる。それが『おっさんずラブ』の魅力のひとつだと考えています。

徳尾　最初にも言いましたが、劇場版では、若いころに描く将来の夢とは違う、大人になってからの夢もテーマのひとつ。大人だからこそ描ける夢を大切にしたいし、恋愛だって大事にしたい。どちらかひとつ選ばなくても、どっちもうまくいけばいいし、そのために悩みながら成長していく姿を描いたつもりです。だから、もし、パートナーがいるのであれば一緒に見てほしいなと思いますね。

瑠東　ドラマから言い続けてますが、ここには圧倒的な人間愛があるんですよ。「人を愛することって素晴らしいな」って伝わるような作品になったと自信を持って言えます。僕はもう二度と同じことはできないくらい情熱と熱量をそそいだし、この作品に関わったみんなが同じ思いでつくり上げてくれました。情熱のかたまりですよ。

「笑いは目的ではなく〝愛〟を伝えるための手段」
――瑠東さん

「夢か恋愛かなんて選ばず両方手にしたっていい」
――徳尾さん

徳尾浩司／とくお組主宰。主な作品にドラマ『あいの結婚相談所』『きみが心に棲みついた』『チア☆ダン』『恋と就活のダンパ』『ミス・ジコチョー～天才・天ノ教授の調査ファイル～』、映画『走れ！T校バスケット部』がある。

部長と狸穴が対峙するシーンはお互い真剣だからこそ、笑いがこみ上げてくる秀逸な場面。

制作スタッフだから知っている 映画の見どころ、教えます

連ドラから携わってきたスタッフに作品への思いやこだわり、さらには知られざるキャストの顔などねほりはほり聞いてきました。

- 技術チーム -

照明
坂本 心さん
『孤独のグルメ』『よつば銀行 原島浩美がモノ申す!』『ピュア!～一日アイドル署長の事件簿～』など。

撮影
高野 学さん
『女囚セブン』『オトナ高校』『ラッパーに噛まれたらラッパーになるドラマ』など撮影。

大きなスクリーンにも映える 光と色の遊びも楽しんで

高野　連ドラのときから監督に言われているのは、芝居を切らずに長く撮影をしてほしいということ。脚本にはない掛け合いがよくはじまるので、芝居を取りこぼさないようにすることを大事にしています。映画化に際しては、大きなスクリーンに映し出されることを考え、使うカメラを変えました。

坂本　カメラの性能があがることによって照明の発色がよくなるんです。だから、ドラマのときより色を使うように意識しました。照明って昔は暗いところを明るくして人物がちゃんと映るようにするものでしたが、今はカメラの機能がいいので照明がなくても撮れてしまう。だから明るくすることよりもアート志向につくり込むことを考えます。あくまで芝居を盛り上げる要素として、撮影の技術チームが一緒に考え、仕掛けを入れています。

高野　映画ということで意識したのはサイズ感。連ドラのときは人物にぐんと寄ることが多かったけれど、スクリーンでそれをやってしまうとつまらなくなってしまう気がして。せっかく大きな画面なので、周りも見てもらえるようになるべく引きで撮っていました。ただ、ちゃんと芝居をひろっていこうとすると、ドラマと同じ撮り方になりがちで。それが、『おっさんずラブ』っぽいし、ドラマチームがつくる意味があるのかなとも。

坂本　みなさん、脚本を超えた動きをされるので、照明が見切れないかとハラハラすることも多いんですよ。どうしても動かせない照明のときは事前に伝えますが、どんなことにも対応はできるように準備もしています！　みなさんのアドリブは面白いので、カットがかかったら笑っちゃいますけどね。

高野　率先して監督が笑っているしね。サウナシーンは僕も我慢ができず震えながら撮っていました。

坂本　笑ってしまうこともあれば、爆発など一発で決めたいシーンもあったので、そういうときはミスができないと緊張しました。

高野　思い出深いのは、花火大会での春田とジャスの水辺のシーン。本番の動きが段取りとは違ったのでさすがに一瞬戸惑いました。でも、それは志尊くんがジャスの気持ちになって正直に動いた結果なので、取りこぼさないように僕もすぐに立て直しました。志尊くんは初日と次の撮影ではがらりと変わっていて、殻を破った感じがカメラ越しにわかりました。

坂本　何か雰囲気が違ったよね。

高野　大地くんも連ドラのときはどこか遠慮していたと思うんだけど、映画ではひと皮むけた気がします。彼自身も「やりますよ！」と宣言していたので、シーンが終わるごとに「いいね！」とアイコンタクトをして伝えていました。

坂本　キャストスタッフみんなでつくっている現場ですよね。

高野　そこは周りをよく見てくれている田中圭さんの存在が大きい。

坂本　それに、みなさんがいい芝居をされるので、こちらも自然とやる気がわいてくるんです。

高野　どのシーンもギリギリまでアイデアを出し合って、撮影をしています。橋の上のシーンも直前に撮影ポイントをかえて、奥にビルの明かりが入るようにしたんです。ピンクの照明がさらに映える演出になったと思います。

坂本　全ては連ドラから続くチーム力があってこそだと思います。

ココを CHECK

照明
坂本 心さん
「五郎さんと狸穴が再会するシーンの照明は、僕の中でバシッと決まりました。ふたりの芝居と光の雰囲気が合致した瞬間です。」

撮影
高野 学さん
「部長が出てくるシーンでは照明と一緒に遊びを仕掛けています。連ドラの♥のようなものも入れているので、見逃さないで。」

「目に涙をいっぱいためて振り向いた遣都くんの表情にぐっときました。僕のなかではベストショットですね」(高野)

「数少ない春田と牧の幸せなシーンに合わせてピンクを使った照明に。ビル明かりのキラキラとマッチしました」(坂本)

- 美術チーム -

持ち道具
鈴木麻美子さん
『監獄学園-プリズンスクール』『女囚セブン』『僕の初恋をキミに捧ぐ』『サイン－法医学者柚木貴志の事件－』など。

美術進行
野末晃子さん
『サイレーン刑事×彼女×完全悪女』『奪い愛、冬』『オトナ高校』『私のおじさん～WATAOJI～』など。

持ち道具はキャラクターをつくる大切な要素のひとつ

野末　美術プロデューサーの丸山をはじめ、デザインの加藤、装飾部の安部などたくさんの人たちで美術部は構成されています。私は主にそれぞれの橋渡しや、現場対応をする役割です。鈴木さんは役者の持ち道具を担当していて同じく現場にいましたので、今回は私たちが代表としてお話しさせていただきます。まず、ドラマから引き継いでいる春田の家は「ただいま」と思わず言いたくなる雰囲気を大事にしています。安部が『お母さんの趣味のもので占拠されている空間にしよう』と提案してくれて、そこからみんなで話をしながら部屋づくりをしました。

1年経っても「ただいま！」と言える空間ができました

鈴木　ドラマの衣装合わせで、お母さん用に猫のスリッパを出したらそれに決まって。そこからお母さんは猫好きという設定になり、あのメモ帳も猫になったんです。

野末　香港の部屋は、海外らしさをできるだけ出すために、香港にロケハンに行ったスタッフからお土産やお菓子の包みをもらい、テーブルにちりばめてみました。

鈴木　映画ではてんくぅんの仲間たちを野末さんがたくさんつくってくれて。営業所にあるマグカップは、それをもとに安部と装飾助手の加藤が制作しました。

野末　連ドラのときにつくったものがここまで増えて、大活躍するのは嬉しいです。

鈴木　「仙人掌《さぼてん》の湯」のキャラクターも、野末さん作なんですよね。

野末　ほかにもウサギのマグカップは「むさし しゅん」のノリで、ゆるキャラにしてみました。

鈴木　仙人掌の湯タオルは長さや素材にもこだわってつくりました。男の人も使えるよう、監督に巻いてもらってチェックをして。大判もつくってよかったですよね。

野末　そうそう。鋼太郎さんが使ってくれたので、役に立ちました。

鈴木　サウナシーンはあそこまで水をかけあうと思わなくて。みんなで何度も水を抜き、大変でした。

野末　大変といえば、ゆで五郎で圭さんが粉をかぶるシーン。監督が粉の落ち方にこだわりがあって、1回でバサッと落ちてほしいと。何度かいろいろな人が試してみたのですが、思うようにはいかなくて。そのうち、なんとかなるでしょという雰囲気になったのですが、私はひとり不安で……。

鈴木　どうやればうまくいくのか実験してくれたんですよね。

野末　夜中、粉まみれになっては掃除機で吸っての繰り返しでした。

鈴木　本番前にもテストで圭さんの前で披露してくれて(笑)。

野末　一発本番で、圭さんはさすがバシッと決めていました。あのシーンは、鋼太郎さんと志尊さんの掛け合いも面白く、私もつい笑いそうになり必死にこらえました。

鈴木　監督も笑いがとまらないほどでしたし。ああいう監督の雰囲気がこの作品のよさですよね。

野末　美術に関しては自由にやらせてもらっていて、途中経過を監督に報告すると「ええやん」って返してくれるんです。

鈴木　持ち道具は人物のキャラクターをつくる要素でもあるので、事前に決めることが多いですね。脚本を読んだときに、春田は走りまわって元気なイメージだったので、リュックの方があっているなと思って提案しました。靴にも個性が出るよう、例えば狸穴はスマートな形で高級感のあるイタリア製に。腕時計もポイントで、牧とマロはドラマから変わっています。実は牧がしている時計は監督の私物なんです。いくつか用意したのですが、林さんがぜひ監督の時計を使いたいとおっしゃって。

野末　素敵！　それぞれ役割分担があるのですが、やっぱりチームでつくっているんですよね。

鈴木　今回、私たちふたりが主に現場にいましたが、美術スタッフ全員が裏でもくもくと次現場の準備をし続けてくれたおかげで乗り越えられました。撮影中も次の現場をつくり、終わったら撤収して撮影裏も大変なんです。

野末　そんな中でもちょっとした遊びは忘れていなくて。営業所のボードの裏に、実は「牧」のネームプレートが貼ったままだったり、春田の家に連ドラのときのウェルカムボードが隠れていたり、時間の経過もこっそりと入れています。

鈴木　連ドラからのつながりでいえば、屋形船のシーンで蝶子さんはマロからもらったネックレスをしているんですよ。ぜひ、細部まで目をこらして見てください。

「みんながホッとできる雰囲気の春田家。間違い探しをする感覚で、ドラマとの違いを見つけてみてください」(野末)

「本物の屋台を並べた花火大会のシーン。強風が吹き、チョコバナナの屋台が倒れるというハプニングもありました」(鈴木)

ココを CHECK

持ち道具
鈴木麻美子さん

「香港で買う指輪は春田らしくインパクト重視のものを選びました。マイマイのヒールを少し高くして、女子力アップしています。」

美術進行
野末晃子さん

「映画では1回しか出てきませんが、料理は恋愛において大事なツール。牧の秘めた愛情を感じる料理も必見です。」

- 支度チーム -

衣裳
佐久間美緒さん
『レディ・ダヴィンチの診断』『黒革の手帖』『ヒモメン』『ハケン占い師アタル』ほか多数のドラマに携わる。

ヘアメイク
花村枝美さん
『ホリデイラブ』『私のおじさん～ WATAOJI ～』『深夜のダメ恋図鑑』ほか。CMや映画でも活躍中。

田中圭史上最高にカッコよく春田の髪型は命がけでした

花村 ドラマから1年後ということでみなさん少しずつ髪型に変化を出しています。一番変わったのは、マロ。映画の脚本を読んだときに、まだ蝶子さんとつき合っているとわかったので、大人の女性とつき合っている男っぽさを出そうと大地くんと話をしてパーマをかけることにしました。大地くんは連ドラのときは控えめだったのですが、映画ではシーンごとにやりたいことがあり、積極的にアイデアを出してくれました。マロとしても大地くんとしてもこの1年で変わったんだなと感じました。

佐久間 衣装としては、1年たったから変わるということはなく、春田といえばブルーだよねというイメージは大切に残しています。なので、ジャスティスと狸穴についてキャラクター設定をどうするかが課題でした。本を読んだときにジャスは英語まじりだったので、一風変わったスタイルでもいいのでは、と色物のスーツを提案しました。他の人たちと差別化するためにも色があったほうがいいし。リース先でいろいろと見ていくうちに、カラースーツにニットタイを合わせたら今っぽいカジュアルさが出せそうだなと確信。衣装合わせで志尊くんに着てもらったら、めちゃくちゃハマって。持ち道具の鈴木さんが用意してくれた靴ともぴったりだし、そのときはみんなで盛り上がりましたね。せっかくだからズボンの丈を短くして靴下を見せようとか、柄のあるベストを着てみようとかどんどんアイデアがわいてきました。

花村 衣装を着て出てきた志尊くんを見て、髪の色は絶対に明るくしよう！と決めました。外国の男の子風にしたいと考えていたので、やわらかい質感とアッシュ系カラーに。志尊くんも賛成してくれて。

佐久間 自画自賛みたいですが、

ジャスのキャラクターづけはパーフェクトだったのでは…

ジャスはキャラクターとして完璧な仕上がりになったと思います。

花村 監督は衣装とヘアメイクに関しては任せてくれるので、私たちで考えた裏設定を話したら「ええやん」って取り入れてくれる方。マロがパーマをかけるのもイケてる男っぽさを出したいのでと提案したら「ええやん」って(笑)。

佐久間 もちろん事前に打ち合わせをするので、そこで監督やプロデューサーのイメージを聞いて考えてはいますが、本人とキャラクターに合っていれば自由なところがあるのでやりがいがあります。

花村 みんなで話をするなかにヒントがあって、アイデアがわいてきますね。それが衣装合わせのときに組み合わさって、出来上がっていくのが面白いんです。たまに変化球を投げてくる人もいて。

佐久間 持ち道具って大変なのですが、鈴木さんはいつも「そうきたか！」というアイテムを持ってきてくれました。春田の甚平の足元がサンダルになったのもそう。

花村 基本、みんなスーツなので差をつけるのは大変だよね。

佐久間 わかりやすく差をつけるために、本社の人たちは全員、黒のスーツに白シャツ、男性は細い黒ネクタイにしました。悪役っぽさが出ますよね。それに合わせて狸穴もダークなスーツにしています。部長とも差をつけるために、ネクタイは無地にしてカッコよくしました。実は、牧にもちょっとした変化があります。映画では落ち着いた色のチェック柄ネクタイしかつけていません。本社勤務になったので、可愛いさよりも落ち着きを出そうと考えました。

花村 春田もヘアで微妙な変化を出しています。連ドラのときは前髪をナチュラルにおろしていたけれど、少し分け目をつけました。春田の髪型は、連ドラのときからこだわっていて、田中圭史上、最高にカッコよくしよう！といろいろと圭さんの髪型を研究しました。ポイントは顔まわりにかかる毛束。一定方向ではなく、あちこち向いているんです。無造作感を出すには、髪を手でくしゃっと握りながら乾かすのがポイントです。

佐久間 個性でいえば、ネクタイの締め方にもあらわれています。基本、自分で結んでもらっていますが、意外とそれぞれのキャラにも合っているんですよね。

花村 ゆいPさんのキャラも最高でした。令嬢ファッションも似合っていたし、「はるたんだ……」と、ドキドキしていたのも可愛かった。まだまだ話足りないくらい、見どころがあって困りますね(笑)。

「マイマイは仕事ではフェミニンですが、鉄平といるときは彼に合わせてロッカー風に。鉄平とペアルックです」(佐久間)

「春田とジャスティスの髪型は私のなかでお気に入り。髪型ひとつとっても人となりがわかるので、見てほしいですね」(花村)

ココを CHECK

衣裳
佐久間美緒さん

「狸穴が着ているバスローブは丈にこだわりイチからつくっています。紫と紺を合わせた色は、私が染めたオリジナルです。」

ヘアメイク
花村枝美さん

「結婚式でのジャスの髪型はめちゃくちゃカッコいいので必見。牧の前髪の透け感や、もみあげの毛先にも注目してください。」

裏側見せます Part 3

- 音楽チーム -

作曲
河野 伸さん
『流星の絆』『空飛ぶ広報室』などの音楽を担当。楽曲提供やプロデュース、ライブサポートなど多方面で活躍。

選曲
岩下康洋さん
『DOCTORS～最強の名医～』『黒革の手帖』『ラストチャンス』などドラマのほかバラエティ番組の選曲も担当。

河野　連ドラのサントラや楽譜集を多くの人が手に取ってくれたみたいで嬉しいですね。
岩下　音楽も含めて愛された作品になったというのは、仕事冥利に尽きます。
河野　映画でもテレビ版の音楽を使っていますが、どれもアレンジを変えたり音色を変えたりしています。『乙女、武蔵だお♡』や『春』も違う味わいになっています。
岩下　連ドラとの圧倒的な違いは、映像に合わせて音楽をつくれること。ドラマは先に音楽をつくって、どのシーンに流すかをあとから考える。これが僕の仕事のひとつです。映画になると順番が逆になるので、必要な曲数や河野さんにつくってもらいたい音楽のイメージがより具体的になります。
河野　監督やプロデューサー、岩下さんが〝こんな音楽がほしいよね〟と話をしてリストをつくってくれるので、僕はそれに合わせてつくっていきます。新曲は9曲くらいだったかな。
岩下　もっと少ない予定だったのですが、盛り上がっちゃって（笑）。
河野　楽しかったですよ。映像を見ながらなので、画面の切り替わりに合わせて曲調をガラリとかえられたり、音をもっと足そうとかアイデアがわきやすくて。ただ、みなさんの芝居がすばらしいので、逆に悩むこともあって。
岩下　一番悩んだのは、倉庫での春田と牧のシーン。ふたりの芝居だけで感動できるし、泣けてくるので、音楽をどうあてるかが難しくて。大げさにしすぎると、〝どうぞ泣いてください〟となるし、でも泣きたいシーンだよね……と何度もやり取りをして何パターンもつくってもらいました。
河野　音楽でやりすぎると芝居を邪魔してしまうことがあるので、そのさじ加減が難しいんですよ。
岩下　どれもいいからこそ答えが出ないんです。
河野　結局決まったのは、録音をする2日前でしたね。
岩下　劇場版のタイトル曲も紆余曲折があった曲。なかなかイメージが固まらなかったので。

映画だからとカッコつけていないのがいいところ

河野　そうそう。勢いがあって映画っぽいものをというリクエストだったので、ロック調でつくりはじめたけれど、うーん……となって。
岩下　やっぱり河野さんらしくオーケストラの感じでいこうと方向性が決まったんですよね。
河野　映像を何度も見ていたらさわやかな曲調が浮かんできて、弦楽器を使った曲にしました。さらにもっと見ていくと、一定の周期で部長が出てくると気づき、連ドラのメインテーマを思い出し〝尺八の音を入れよう〟とひらめきました。そこに気づいたら作業が楽しくなってきてサクサク進んだのですが、カッコよすぎると……。
岩下　監督が劇場版になったからってカッコつけなくてもいいんじゃない？って。ある意味、映画は発表会だねという話になりました。
河野　じゃあ、リコーダーやアコーディオンを入れよう、尺八にあわせて三味線も入れちゃえって。確かに映画になったから気取るのは違うなと僕も納得できました。

誰の目線で見るかによって音楽の聴こえ方が変わってくる

岩下　エンディングもそんな雰囲気ですよね。全員集合！みたいな。
河野　『春』をアレンジしたもので最後は大盛り上がりにしようと、ミュージシャン全員で演奏をしました。それこそ発表会（笑）。
岩下　もちろんカッコいい曲もたくさんあるんですよ。狸穴のテーマ曲とか。でも、カッコいいけどシーンによってはコミカルに聴こえることもあって。それはジャスのテーマもそう。彼は明るい性格に見えるけれど心にぽっかり穴が開いているので、さわやかだけど哀愁も感じる曲になりました。誰の目線で見るかによっても音楽の聴こえ方って変わってきますよね。
河野　それを狙ったところもあります。春田が拉致されて、営業所のメンバーが慌てふためくところはいい具合にドタバタ感が出ていると思います。とはいえ、最初はサスペンス調の音楽をつくっていて、やりすぎちゃったなーと（笑）。
岩下　お芝居の完成度が高いので、音楽で感情を押しつけすぎないようにしました。笑ってください、泣いてくださいって。サウナシーンもそのひとつ。
河野　芝居と演出、音楽の相乗効果で何倍にも魅力が膨れ上がるんだなと改めて実感した作品ですね。

ココを CHECK

作曲
河野 伸さん
「部長と牧が春田を救出しに行くシーン。ふたりの動きとシーンの切り替わりに音楽が対応している部分を楽しんでください。」

選曲
岩下康洋さん
「部長が春田のことだけ忘れてしまったとわかるシーン。芝居の面白さにうまく音楽もハマりました。何度見ても笑えるはず。」

「部長が春田を助けに行き記憶が戻るまでの流れは感動。武川の顔もいいですね。音楽をつくりながら泣いていました」（河野）

「狸穴のテーマ曲はフラメンコ調に。カッコいい曲調ですが、ホテルでの春田とのシーンではコミカルに聴こえるかも」（岩下）

主題歌 スキマスイッチが語る「Revival」と「おっさんずラブ」の魅力とは

曲が僕らの手を離れて巣立って行った感覚

常田　『Revival』はアルバムの1曲としてつくったので、起用されたことに正直、驚きはありました。同時にスキマスイッチ純度100％の曲が選ばれたことに、認められた嬉しさもあります。

大橋　この曲をつくるときは、アルバムのなかにバンドサウンドを入れたいねというところからスタートしたんです。僕らはふたりでやっていますが、ライブのときはバンドが入るので、そこで完全再現できる音をつくろうと。

常田　歌詞としては、季節感や過去の恋愛をひきずるようなものを最近書いていなかったので、このふたつを大きなテーマとして掘り下げてきました。実は「Revival」は仮タイトルで、最初は歌詞のなかに入れていたのですが、うまくハマらず、タイトルになりました。再上映という意味から、記憶がフラッシュバックすることに置き換えて、夏の楽しかったことをふたりで挙げていきました。

大橋　この曲でいいのかなという思いもありましたが、脚本を読ませていただいて、腑に落ちたというか……。登場人物たちの揺れ動く気持ちと、歌詞の〝好きだった人を忘れようとしても、どうしても思い出して心が揺れてしまう〟という内容がハマったのかなと。

常田　ザ・スキマスイッチの曲ですが、主題歌になったことで、曲の持つ意味がどんどん変わっていく面白さを今は感じています。

大橋　曲って、自分の置かれている立場や環境によって聴こえ方が変わってきますよね。僕らはこう聴いてほしいって押しつけるのは好きじゃなくて、歌詞の行間に込めた思いを想像して、聴く人が解釈してくれるほうが好きなんです。だから、ある人には春田と牧の関係に聴こえるかもしれないし、春田と部長の関係に聴こえるかもしれない。主題歌になったことで、曲が育っていっている感覚ですね。

常田　ドラマが始まるころにちょうど『Revival』が収録されているアルバムをひっさげたツアーがスタートしたんです。最初はアルバム曲として聴いてくれていましたが、ドラマが話題になっていくと、客席からの熱が変わってきて。イントロが鳴ると盛り上がりますし、僕らもちょっとドヤッてなりました(笑)。

大橋　曲がどんどん一人歩きしていくんですよ。曲に人格が宿るというか……。「奏(かなで)」もそうですけど、僕らは男女の別れを歌ったのですが、今では卒業など旅立ちのシーンでも使われることが

ドラマにも出演

4話でカメオ出演。「飲みに来ないか」のひと言に緊張したとか。

多くて。まさかこんなにカラオケで歌っていただける曲になるとは思ってもみなかったですしね。今、同じような現象が起きている気がしています。

常田 本当、お前よくやったな、すごいなって声をかけたいですよ、『Revival』に。

あの時からつながっている 不思議な縁がある

大橋 圭くんが主役のドラマということで縁を感じますね。もう14年くらい前ですか、『飲みに来ないか』という曲のMVに圭くんが出てくれたんです。

常田 そこで演じてくれたのが、冴えないサラリーマン役で。

大橋 当時、そんなことは予想もできないですからね、不思議なつながりを感じています。遺都くんとも僕のソロ曲が映画の主題歌になり、シンタくんがその劇伴をやったという縁もありますし。

常田 ドラマに数秒出させていただきましたが、そのときはふたりに助けられました。

大橋 通行人の役と聞いていたのに、当日になって監督からセリフをつけたいと言われて。めちゃくちゃ緊張しましたよ。ひと言「飲みに来ないか」っていうだけなのに。でも、それはこの作品のいいところで、細かい遊びを入れたいという監督の思いなんですよね。

常田 僕らも物をつくる立場なので、ジャンルは違うけれど間近で物づくりのこだわりを見せていただいて勉強になりました。それに、いい思い出になりましたし。最近は音楽番組に出ても周りから連絡はありませんが、このときばかりはじゃんじゃん携帯に連絡がきて(笑)。それだけ、この作品が多くの人に見られていて、盛り上がっているんだなって感じた瞬間です。

大橋 いわゆる"バズル"ってこういうことなのかと肌で感じました。僕らもチームの一員としてこの盛り上がりに少しは貢献したいなと、ドラマのパロディをしてツイッターにあげたりもしました(笑)。MVも曲を聴いてもらいたいということもありますが、ドラマファンの方にも喜んでもらえたらという思いもあって。圭くんがドラマで言った「BARスキマスイッチ」もつくっちゃいましたし。

常田 バーのシーンではまたまた圭くんに助けてもらいました。

大橋 圭くんは細かいところまで見ていて、装飾として置いてあった時計の時間が合ってないことを気にかけてくれて。その時、細部にまでこだわっているからこそのリアリティなんだと感じたと同時に、『おっさんずラブ』チームは本当に物づくりが好きな人達の集まりなんだと思いました。僕らも細かい仕掛けが好きで、リスナーが気づかないかもしれないようなことをよく入れるんです。反応してくれる人は必ずいるので、これからもこだわっていきたいですね。

常田 まず、アルバム曲を選んでくれたところからして、物づくりのベクトルが似ているのかなと思っていました。それぞれのファンもそういう細かい仕掛けが好きですよね。つくり手とファンが一緒に楽しんでいるのも似ているかも。

『おっさんずラブ』は まさにエンターテイメント

常田 僕はトレンディドラマのようなベタな展開が好きですし、1回観ただけでは拾いきれない遊びがちりばめられているのも魅力だと思います。物づくりをしているとつい世の中にないものを探してマニアックになりがちですが、『おっさんずラブ』はメジャー感がありつつマニアックな楽しみ方もできる作品。100人いたら100通りの見どころがあるんですよ。音楽の世界でいえばビートルズがそうだと思っていて。世界中で思い思いの聴き方、解釈がされ、今も親しまれている。ビートルズはどこまで計算していたかはわかりませんが、『おっさんずラブ』もそこに挑んでいる気がします。

大橋 ドタバタコメディだけでおわらない、純愛をテーマにしているのが素敵だと思います。コメディとシリアスのバランスが秀逸ですよね。僕らもライブではMCはふざけていますが、演奏をはじめるとキュッと引き締まる。その緩急はどのエンターテイメントにおいても大事なことですから。

常田 劇場版でもきっと1回観ただけではわからない仕掛けがあるのかな、とワクワクしています。『Revival』がどのタイミングでかかるのかも楽しみです。

大橋 歌詞からつくっていただいたシーンもあるとうかがって、僕らの曲に愛情をもって大切に使ってくださることに感謝しています。

ドラマのロケ地を巡った MVも話題に

Yuki Saito監督をはじめドラマチームが制作に携わった。名場面が生まれたロケ地が満載。

「BARスキマスイッチ」に春田が訪れるシーンも。ドラマでのセリフが実現することに。

「Revival」収録!

『新空間アルゴリズム』

Profile

大橋卓弥、常田真太郎のソングライターふたりからなるユニット。2003年7月シングル「view」でデビュー。26枚目となるシングル「青春」も好評。10月30日から37カ所をまわる「スキマスイッチ TOUR 2019-2020 POPMAN'S CARNIVAL vol.2」がスタート。

ふたりもハマったドラマのお気に入りは?

常田真太郎さん

鉄平の立ち位置が好きで、児嶋さんしか演じられない役。フルで歌を聴いてみたいです

大橋卓弥さん

鋼太郎さんの存在感がすごくて、「好きでーーす」と叫ぶシーンは何度も見たくなります

存在が罪～

偏愛おっさんずラブ論

『おっさんずラブ』にゆかりのある著名人たちが登場し、作品にまつわる偏愛エピソードや思いの丈を赤裸々に語ります！
さらには映画化への期待を込めたメッセージをお届け。

マンガを読んでいる感覚で胸キュンできる夢と癒やしの時間でした

偏愛おっさんずラブ論

OL民

#01

生駒里奈さん

profile

1995年12月29日生まれ。秋田県出身。2012年、アイドルグループ乃木坂46のメンバーとしてデビュー。2018年にグループを卒業し、現在は女優として舞台やドラマを中心に活躍中。

ドラマ出演はいつもの自分とは全く違う役柄を楽しんで演じることができました

連ドラ版『おっさんずラブ』の第5話にゲスト出演した女優の生駒里奈さん。アイドルグループ乃木坂46の卒業後の初仕事ということもあり、思い入れのある作品だと振り返ります。

――乃木坂46を卒業して、初めてのお仕事が『おっさんずラブ』だったそうですね。

「そうなんです。撮影をしたのが、ちょうど乃木坂46を卒業した2日後くらいでした。卒業というものがこうして今までとは違ったお仕事にもつながっていくんだなと実感したのをとてもよく覚えています。しかも、こんなに話題の作品に呼んでいただけるなんて！　たくさん女優さんがいる中から選んでもらえて光栄でした」

――『おっさんずラブ』を知ったきっかけは？

「ドラマがスタートした直後くらいに出演のオファーをいただいたので、すぐに追いかけて見はじめました。もちろんこの作品がはじまって、話題になっていたことは知っていました。題材も面白そうだなって。『おっさんずラブ』は、すごく攻めていて、はっきり、さっぱりした部分が多いイメージですし、演じていてもその部分が面白かったですね。でも映像作品に自分がひとりで出演しているのは、まだまだ慣れないし、動いている自分が気恥ずかしくて、出演作品をじっくり観ることがほとんどないんです。つい先日、女優の友人が『おっさんずラブ』の第5話を観たそうで、『私、大丈夫だった？』と聞いてみたんです。『大丈夫だったよ、姿勢は悪かったけど(笑)』と言っていたので、ホッとしました(笑)」

――反響はありましたか？

「たくさんの方から声をかけられました。もともとドラマが好きで観ていた知人からは『急に出てきてびっくりした』と連絡がきたり。舞台やバラエティ番組で初めて共演する方たちからは『おっさんずラブ』のことで話しかけられることもあり、作品のパワーを感じました。そしていろいろと話を聞いていると奥様方は田中圭さんのことが大好きなんだなって(笑)」

――生駒さんが演じた室川檸檬という役はいかがでしたか？

「自分自身、可愛いらしい感じが苦手というか恥ずかしいので、檸

ドラマの5話で室川檸檬役として出演

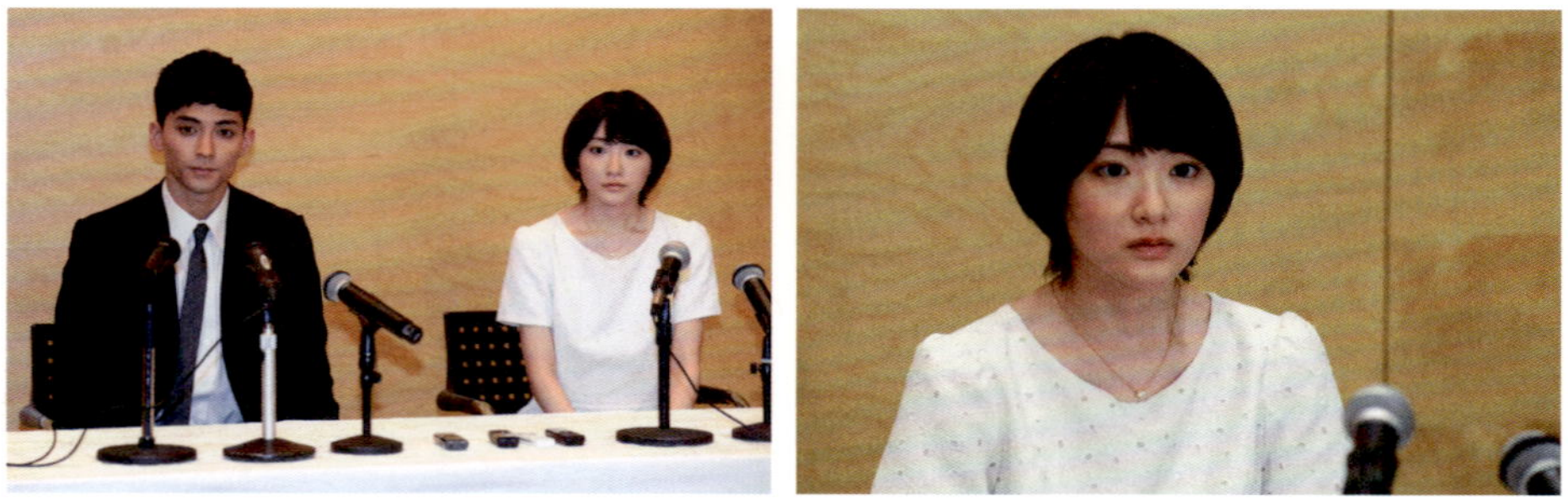

生駒さんが演じたのは朝ドラヒロインを務める清純派女優。牧の言葉に心を動かされ、記者会見で恋人俳優との真剣交際を発表した。

「舞香さんのように みんなの恋を陰ながら応援したい!」

檸檬という名前や女の子らしい衣装は照れくさかったです。プライベートでは着ないファッションだったので、ドラマの中だけの特別な姿だなぁって。お芝居に関しては台本通りに、シンプルに何も付け加えたりせず、10人が10人ともイメージするような清楚な女優さんを意識していましたね。檸檬ちゃんは真っ直ぐな性格だから、思ったことを曲げなさそうな芯の強さを見せられたらいいなと思って演じましたが、みなさんにはどう映っていたでしょうか」

——具体的にイメージした女優さんはいらっしゃいましたか?

「私、影響されやすいので〝誰か〟を思い浮かべたら、その人に寄せていってしまいそうで。なので、あまりつくりすぎずにそのときに思ったことをやるだけでした。同じ台本を読んだとしてもみんな想像することがバラバラだと思うので、自分のイメージを大切にして。それに練習しても現場ではそのとおりにはいかないものですから」

——檸檬は、物件探しで防犯カメラの台数をチェックする徹底ぶりでした。ちなみに生駒さんの物件へのこだわりは?

「防犯カメラよりも大事なのは宅配ボックスです。通販でのお買い物が大好きなので、宅配ボックスが少なくて埋まっちゃうと困ります!(笑)」

——この作品はアドリブがすごいことでも有名です。

「ゲストというカタチで出演させていただき、短い時間での撮影だったので、アドリブが生まれるくらいのやりとりまでは至らずでした。いつかドラマでそういう経験をしたいなと憧れます。私はドラマの経験が少ないので、今回はみなさんについていくのに必死でした。田中圭さんをはじめ、スタッフさんたちにも優しく接していただきました。チームとして温まっている現場に入るのって緊張するのですが、みなさんが受け入れてくださったのが嬉しかったです。田中さんや林さんとはご挨拶をして、合間にちょっとお話しさせていただいたりも。心の中では『話題の人だぁ〜』って感動しながら(笑)。撮影後、吉田鋼太郎さんファンの母からは『吉田さんに会えたの?』と聞かれ、『残念ながら会えなかったよ』と。『いつか会えるように頑張るね』って決意表明をしました」

——実際に撮影に参加してみての印象は?

「自然なお芝居というよりは、いい意味でのわざとらしさがあってそのメリハリが作品の面白さにつながっていると思います。マンガを読んでいるような感覚でドラマを観ていた気がします。テーマも今の時代ならではの切り口だと思いますし、三角関係って男性だけの三角関係なんだ!って驚きもありました。みんなが笑えたり、キュンキュンできるバランスのよさは、きっと役者さんたちの演技力があってこそ成り立つものですよね。コメディだけでなく、締めるところは締めているからこそ、リアルな気持ちが伝わってくるんだなと感じました」

——生駒さん自身は『おっさんずラブ』の魅力はどこにあると感じていますか?

「男性同士の恋愛の葛藤、三角関係の切なさがありながら、最後はちゃんと救いがあるストーリーが大好きです。ちずちゃんや蝶子さんもつらい思いをしたけれど、新しい恋の予感があって『幸せになれるんだろうな』とその後を想像できました。それに、恋愛だけではなくちゃんとお仕事の話も描かれているのがいいですよね。物件探しを通じて、考えさせられるものがありますし。それは、私が参加した5話でもそう。週刊誌に写真を撮られたとき、檸檬の恋人・剣崎が『人を好きになるのに、なんで世間に批判されなきゃいけないんだよ』というセリフがありましたが、そこから牧が春田との関係を話してくれて、さらにそれをきっかけに私たちが堂々と恋愛宣言をする。そういう自然な流れで〝人を好きになること〟について教えてくれている気がしました。私はドラマを観るときに、モヤモヤしながら来週を待つのがつらくなっちゃうんですけど、『おっさんずラブ』はモヤモヤもありつつ、次への展開に期待が持てて安心して観ていられるドラマでした。1週間に1回の楽しみとして、たくさんの人から愛されたし、きっと癒やしの時間だったんだろうなって想像できるんです。私自身、マンガやアニメ、ドラマでも、心がすっきりすることを求めているので、前を向いて頑張ろう!と思えるこの作品が大好きです」

——濃厚で個性豊かなキャラクターがさまざまな恋愛模様を描いています。生駒さんが心惹かれるキャラクターとは?

「乃木坂46の元メンバーにも〝まいまい〟(深川麻衣さん)がいることもあって、伊藤修子さんが演じている〝マイマイ〟が最初から気になる存在。ズバッと核心に迫った言葉で恋の助太刀をするポジションが素敵だし、恋を応援するのは楽しいだろうなって。私はそれが演技だとしても三角関係の立場にいるのはやっぱりせつないし、つらいだろうなって思っちゃうんですね。だから、もし恋愛ドラマに出ることがあれば、恋の渦中ではなく外側から『頑張って!』と応援する役を演じたい。マイマイさんは理想のポジションです(笑)」

——映画化にむけて最後に一言。

「ドラマから映画につながるためには、やっぱりたくさんの方の『観たい』という思いがないと実現できないもの。その声を反映してくださった点でもファン思いの作品だと思いますし、しかも1年ほどの短期間で映画化されるなんて人気の勢いがどれだけすごいのか実感しました。私もいちファンとして、フレッシュな気持ちで映画館に観に行きたいと思います!」

「葛藤や失恋があっても ちゃんと未来を感じさせる やさしいストーリーが大好き」

OL民 #02

オカリナさん

みんなが一生懸命で みんながやさしい。こんな作品初めてです

profile

1984年9月28日生まれ。宮崎県出身。2009年相方のゆいPとともにお笑いコンビ・おかずクラブを結成。現在、『ただいま!テレビ』『世界の果てまでイッテQ！』などで活躍中。

バラエティ番組に『おっさんずラブ』聖地巡礼企画を自ら持ち込むほどの大ファンである、おかずクラブのオカリナさん。普段からは想像できないほど俊敏かつアクティブな動きと、大興奮する様子が放送されるとOL民たちの共感を呼びました。

——『おっさんずラブ』に出会ったきっかけを教えてください。

「連ドラがスタートする前に、2016年に放送した単発ドラマの再放送をしていて、ちょっと観てみようかなくらいの軽い気持ちで観たのがはじまりでした。私、マンガが好きでBLものもよく読んでいて、その界隈で話題になっていたのもきっかけのひとつでした。ただ、連ドラがはじまってみると、そこに描かれているものはBLではなく、大きな愛のお話でした。腐女子だけが好きになるドラマではなくて、もっと広く人々に受け入れられるような印象を持ちました。昔からドラマを観るのは好きで、毎週欠かさず観ていた作品は過去にもありましたが、こんなにハマったドラマは人生で初めて!! 聖地(ロケ地)に何度も行ったり、オフィシャルグッズを買ったり、ドラマ内で登場人物たちが使っていたアイテムをマネして買うなんて初めての経験です」

——そこまでハマった理由は?

「最初は普通に観ていたんですよ。でも、登場する人物たちみんなが一生懸命で、どんどん引きこまれていきました。誰が誰とくっつくのかがわからない状態でストーリーが進んでいくのも目が離せなかったですし、何よりドラマの中に嫌な人がひとりも出てこないのがいい！ 恋愛ドラマって嫌なキャラクターがひとりは出てきますよね。蹴落としてやろうとか、抜け駆けしてやろうとか。そんな駆け引きなしに、好きという気持ちだけで一生懸命向き合っているのが素晴らしいなって。ちずだって、春田への気持ちに気づいて告白するけれど、陰でコソコソせず、ちゃんと牧に伝えてからだし。でもそれが、牧を悩ませてしまうんですよね、あ——つらい」

——毎週、本当に放送を楽しみにされていたんですね。

「ただ私はオンタイムではなく録画でちょっと遅れて観ていたんです。というのも、くっついてほしい人とくっつかなかったときにけっこうダメージを受ける性格なので、ネタバレをしてでも安心してから観たかった。特に最終回は、春田が牧なのか部長なのかどっちと幸せになるのか判明してから観ようと待機していて。OL民のツイートで牧とくっついたことがわかって、安心してから翌朝、見ました。ドラマの放送中は、泊まり

あまりにも好きすぎて、テレビ朝日に匿名でお礼のメールをしたくらいです(笑)

聖地巡礼もしました！

1

2

3

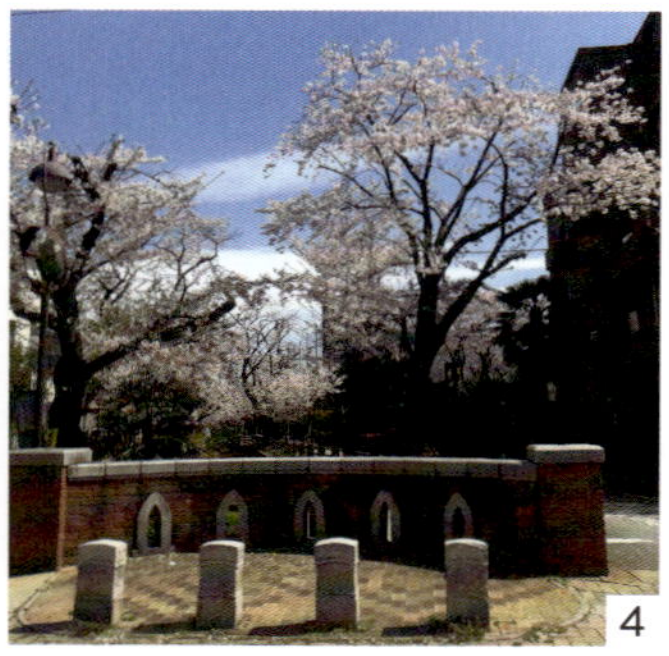

4

5

「ロケ地巡りをしていると仲間に会えて、人見知りの私でも話が弾みます」。1 2話の名シーンに登場する屋上へ。部長の手作り弁当に思いをはせて。2 牧くんの実家は番組のロケでおじゃますることができました！ 3・4 春田が「一緒にいることは恥ずかしくない」と牧に伝えた場所。最初は友達と一緒に。桜の時期にどうしても行きたくてひとりで再訪。5 牧くんが春田のおでこにキスした公園へ。

「6話だけ繰り返し見ています。同じシーンでいつも泣けちゃって」

がけの地方ロケも多かったので、早く録画したものを観たくて『なんで私、ここにいるんだろう……』と思ったこともあります。思いがあふれすぎて、ツイッターで思わずつぶやいたこともありましたね」

——今はBlu-rayで何回も見ているとか。

「はい！ 繰り返し観ているんですけど、6話が一番好きですね。でも、最後が切なくてしんどいので、つらくなるシーンの直前で止めて、最初に戻るっていう(笑)。感情移入しすぎちゃうんです」

——ちなみに感情移入はどのキャラクターに？

「キャラクターとして一番好きなのは、はるたん！ でも感情移入して観るとなると牧です。牧は仕事もできるし、見た目もかっこい い。でも、はるたんに叶わぬ恋をするという葛藤やせつなさもあるし、すごく悲しい表情を見せるじゃないですか。それに、はるたんって悪気がなくても、けっこうキツイことを牧に言いがちなんですよ。そんなはるたんがひどい人だ！という意見もありますけど、でも、はるたんはもともと女性が好き。牧のことを傷つける言葉を言ってしまうのも、ちずにふらふらして自分の感情がわからなくなってしまうのも、しょうがないことだろうなって思うんです。だって今まで女の人が好きで、まさか男の人を好きになるとは思ってもいなかったわけだから。『何やってるんだよ、はるた〜ん』と、もどかしい気持ちになるけれど、はるたんだって一生懸命なんですよね。ドラマだってわかってはいても、キャスト陣の演技がうますぎるので余計に感情移入してしまうんだと思います。田中圭さんをはじめキャリアと実力のある方たちのおかげでこの世界が成り立っている。他の恋愛ドラマを観たときに「あれ、この人は本当に恋をしているの!?」と疑っちゃったことがあるんです。もちろん『おっさんずラブ』だってフィクションだとわかっているんですけど(笑)、リアルとの境界線が曖昧になっちゃって。田中圭さんもこれまでのいろんなインタビューで『僕も牧のことが好きだった』とはっきりと言葉にしてくれるのも、表面だけじゃない作品に対する愛情の深さが伝わってきますよね。役者さんが作品を大切にしていることが視聴者にも伝わってくるのも、この作品のすばらしいところだと思います」

——放送が終わってもなお、ファンの熱量が衰えない稀有な作品。

「私、テレ朝にメールしましたもん。『こんなに素晴らしい作品を作ってくれてありがとうございます！』と。あ、もちろん匿名で。映画化だけでなく、展覧会の開催やグッズ、サントラ、ピアノの楽譜まで発売になって、ファンの声がちゃんと届いているんだ、と嬉しくなりますよね！ 昨年の夏に行われた『おっさんずラブ展』でも、天空不動産ののぼり、箱ティッシュ、ネームプレートなど大人買いしちゃいました！ 公式グッズが出る前は、〝特定班〟と呼ばれる筋金入りのファンの方たちがドラマで使われていた小道具を徹底的に調べていて、その情報を頼りにマネして買うこともありました。はるたんが使っている黄色のマグカップ、牧が着ていた服なんかは売り切れ続出だったそうです。私もちょうど欲しかったということもあり、掃除機をマネして買いました(笑)。ドラマに登場するアイテムがとにかくリアルなんですよ。恋愛ドラマって、おしゃれな家でおしゃれなインテリアっていうのが定説みたいなところがあると思うんですけど、『おっさんずラブ』で使われている小道具は手頃で、例えばマグカップも299円でしたし。でも、腕時計はちょっといいものというのが不動産屋さんっぽい。そんな〝すぐそこにある生活〟っぽさも、作品をよりリアルに、身近に見せてくれる要素だったのかなと思います」

——おっさんずラブ愛を語るオカリナさんは、テレビで見るときよりもずっと情熱的な印象です。

「私、身近に仲間が欲しくて自分で録画したものを親しい人たちにもおすすめしたんです。ガンバレルーヤとか、森三中の大島さんとか……。『面白かった』『すごくよかった』と感想をもらったのですが、私と同じくらいの熱量で夢中になってくれる人はなかなか見つからなくて。相方のゆいPも好きと言っていたので、てっきり同じくらい好きだと思って、ハイテンションで話していたらちょっと引かれました(笑)。私だけ全速力で走ってしまって、ゆいPを置いてきぼりにしちゃったみたいです」

——最後に映画化への熱い思いを。

「映画は必ず初日に観に行きます。友達と行って、ゆいPと行って、マネージャーさんとも行くつもりなので、最低3回は！ 『おっさんずラブ展』も映画を観てから行きます！ 映画では、結果的にふたりが幸せだったら……それで十分ですね。誰ひとりとしてそれぞれの好きな気持ちを否定しない、シリーズを通じて描かれてきたピュアでどこまでもやさしい世界が広がっていると嬉しいです。もちろん、ゆいPのシーンも楽しみ」

「春田と牧の幸せを願って……映画は初日に観に行きます！ ゆいPと一緒に観たい」

グッズもオトナ買い♡

「おっさんずラブ展」などで購入した公式グッズたちは、大好きなマンガと同じスペシャルエリアに。天空不動産の〝のぼり〟も部屋の中に飾っています！

OL民

#03

俵万智さん

時代と相まって全力で恋をする姿が心を浄化する稀有な作品

profile

1962年、大阪府出身。早稲田大学在学中より、歌人・佐佐木幸綱氏の影響を受けて短歌を始める。1986年に角川短歌賞、1988年に現代歌人協会賞、2006年に若山牧水賞を受賞。歌集・著書多数。

『おっさんずラブ』もトップ10に選ばれた2018年流行語大賞の選考委員でもあった歌人・俵万智さん。いちファンとして、また言葉を生業とするプロフェッショナルとしての視点で魅力を分析。愛にあふれる深い考察は必見です！

――『おっさんずラブ』を知ったきっかけを教えてください。

「おそらくツイッターで情報が流れてきたのがきっかけです。話題になっているのは知っていましたが、私が住んでいる宮崎ではまだ放送されておらず、どんな内容なんだろうと思っていました。少し遅れて放送がはじまったので『あ、これが話題のドラマね』と1回目から観たらハマってしまって。ちなみに宮崎では、お昼に放送されていました（笑）。とにかくネットで話題になっていた印象が強いですね。それにこのタイトルが秀逸だと思いました。言葉って発明することはできないけれど、組み合わせで新しく生まれ変わることができる。自分の本で恐縮ですが『サラダ記念日』は、サラダという言葉も、記念日という言葉もともとある言葉。それをくっつけることで新しい表現ができる。『おっさんずラブ』は、〝おっさん〟と〝ラブ〟という対極にあるものが組み合わさった面白さがあります」

――この作品に惹かれた理由は？

「ラブストーリーがもともと好きなんです。観はじめるとすごくピュアな恋愛が描かれている。今、恋愛ドラマは男女の恋愛の場合においてあの手この手でやり尽くされていて、かなり複雑な設定じゃないとピュアな恋愛を描きづらくなっている気がするんです。例えば昔なら、待ち合わせに遅れて会えずにすれ違ってしまうことだけでもドラマティックに描けたけれど、今は携帯電話があるので難しいですよね。そうなるとヒロインが難病にかかるとか出生に秘密があるとか複雑な設定の中で純愛を描くしかなくなっている気がします。恋愛ドラマの手詰まり感がある中、〝おっさんが恋をする〟というひとつの設定だけで面倒なことは一切なしにとてもピュアな恋愛が描けるんだと。そこは私の中で大きなポイントでした。シンプルな設定により、人が人を好きになるということをストレートに描けていて、久しぶりに胸がキュンキュンする感覚を味わえました」

――おっさん同士だからこそ成り立つ世界感でもありますよね。

「普通に職場で上司が部下に恋をする男女の恋愛だったら、ただのありふれた話にもなりかねない。さらにいえば部長の行動のあれこれを振り返ると、ある意味パワハラになっちゃいそう。それが男同士になったことでピュアな描き方ができるのが新鮮ですよね」

はるたんの抜群の愛され力が男女の枠を越えた恋愛のカタチにリアリティーを添えています

――この世界観が視聴者にすんなりと受け入れられたのはなぜだと思われますか？

「はるたんが抜群に愛されキャラであることにすごく説得力があって、視聴者も彼をどんどん好きになると思うんですね。ダメなところもたくさんあるけれど何事にも一生懸命で、彼から目が離せない。そうすると作品の中で周りの人がはるたんを好きになるのも納得できる。男性であるとか女性であるとか関係なしに。連ドラ版の公式本も読んだのですが、ひとつのお芝居を練り上げるようなライブ感が現場にあったことが伝わってきました。例えば、部長が告白してフラれるところを見守っている蝶子さんが涙を流したり、最後に屋上で部長が武川の手を握ったり、すべて現場で生まれたシーン。そのライブ感によって、よりリアルに感じられるのかもしれないです」

――作品の中では、たくさんの愛のかたちが描かれていますが特に心打たれたものは？

「まず、このドラマ全体を通していいなと思ったのは、基本みんな相手のことを想って行動をしているところ。あのマロでさえ（「〝でさえ〟は失礼でしたね」と笑いつつ）ちずとのデートにこぎつけて、ものにできそうなチャンスなのに、『春田さんみたいな超絶鈍感な人にはどストレートで言わないと』とアドバイスをしてしまう。もちろん牧も部長も、蝶子さんもそうで、どの関係性をみていても嫌な気持ちになることがないドラマ。人を好きになるってそういうこと

ドラマの公式本、買いました

名シーンの裏話に触れられるなど、より作品の魅力を深く知ることができる一冊。

「はるたんが可愛すぎて……部長目線かもしれないです」

じゃない?というメッセージも込められている。好きな人を自分のものにするんじゃなくて、好きになった人が幸せになることを考えている。どの恋愛を見ても、応援したくなるし、切なくなる。嫌な人が登場しない世界はともすると偽善的に見えてしまいがちですが、みんなが必死で恋をして、切実な気持ちで相手の幸せを願っていることが伝わってくるから偽善に転ばない。なかなか稀有なことですよね。ひとりくらい悪役を混ぜたほうが話は進めやすいと思うけれど、そこに頼らず表現されたのも素晴らしいですよね」

——印象に残っているシーンは?

「たくさんあるのですが、屋上のランチのシーン(第2話)は名シーンですよね。はるたんのダメなところを10個挙げるのですが、普通ならいいところを挙げるものだし、そのほうが実は簡単。ダメなところを挙げるのは難しいことだし、本当に心が通い合ってないと言えないですよね。部長は、〝存在が罪〟とか〝可愛すぎる〟と抽象的であるのに対して、牧は具体的にちゃんと挙げていて、その上ではるたんを好きなんだと伝えている。これは牧の勝ちです。ふたりの心のありようがわかりやすく伝わるシーンでもあって、部長ははるたんのことを偶像化しているというか崇め奉るタイプの恋愛の仕方をしていて、一方で牧ははるたんと一緒に生活をしていて日常を共有する中で好きになっている。ふたりとも〝はるたんが好き〟でも、異なる愛があぶり出される名場面」

——思い入れのあるキャラクターを挙げるとすると?

「このドラマに出てくる女性陣ですね。蝶子さんはカッコよくて男前。私を捨ててまで本気ならば、じゃあ応援するっていう愛の伝え方も粋ですよね。ちずも健気で、ハートがタフですし。マイマイは『好きになっちゃいけない人なんていないんじゃない?』とポロッと出る核心をつくセリフが印象に残っています。また、牧の心のあり方にも惹かれました。はるたんはそもそもロリで巨乳が好き。思いが届かない人を好きになってしまう先の見えない苦しさもあるし、牧は賢い人だからたとえ気持ちが通じてもこの先いろんなことに巻き込んでしまうこともわかっている。男女問わないけれど一緒に暮らしていると、愛情じゃなくて『単純に便利だから一緒にいるのかな?』とモヤモヤすることだってあります。その葛藤から、はるたんはちずと幸せになったほうがいいのかもと考えたり。彼はすごく揺れ動いていて、感情のまま一直線ではない。部長との対照的な描かれ方もおもしろかったですね」

——たしかに部長のアプローチは、直球で〝昭和〟な感じでした。俵さんご自身もツイッターを通してこの作品の存在を知ったとのことですが、SNS上での人気の高さも『おっさんずラブ』の特徴です。

「久しぶりに心が洗われるものを観て、心にしみていく感覚を共有できたのも盛り上がった一因なのでは。とてもシンプルに〝人を好きになるって素敵なこと〟だと教えてくれましたから」

——時代における恋愛模様の変化が影響している部分もあるのでしょうか?

「私が青春を過ごした80年代は恋人がいないこと=寂しいという時代でした。今は、傷つくのが怖いから恋愛に臆病になっている気配があるし、また色んなもので満たされるから恋をして生身の心を傷つける必要もないじゃないっていう風潮もあるように映ります。登場人物たちのように傷つくことをおそれずに全力で人を好きになる姿が今輝いて見えるのは、直球で人を好きになったり、面と向かって告白したりすることを遠ざけようとしている現状があるからかもしれないですね」

「相手のことを思う気持ち。人を好きになることで成長する姿が描かれています」

——昔ながらともいえるシンプルな恋愛を同性同士で描いているというのが、また新しさにつながっているのかなとも思います。

「はるたんが部長に告白されたことをちずに打ち明けるじゃないですか。それを聞いたちずは『私も部長を応援する』って宣言する。そのときに『え——! 男じゃん』なんて驚いたりしなかったですよね。あの抵抗のなさが作品の気持ちよさにも通じています。蝶子さんも、夫の想い人がはるたんだとわかったところで『男に負けた』とはならなかった。誰かの好きを否定する人が誰もいなくて、当事者たちを包む環境の描かれ方もとても素敵でした。現実的には、今の世の中ではなかなか難しいことだけれど、現実もそうなってほしいです。『おっさんずラブ』は前向きな意味で〝社会性のあるドラマ〟でした。今回の取材のために、ちょっと思い出すつもりで見はじめたら止まらなくなってしまって。『仕事に差し支える』と焦りながらも、はるたん可愛いなぁと(笑)」

——ということは、俵さんは部長の目線でしょうか?

「(笑)。そうかもしれない」

「おっさんずラブ」の短歌も登場

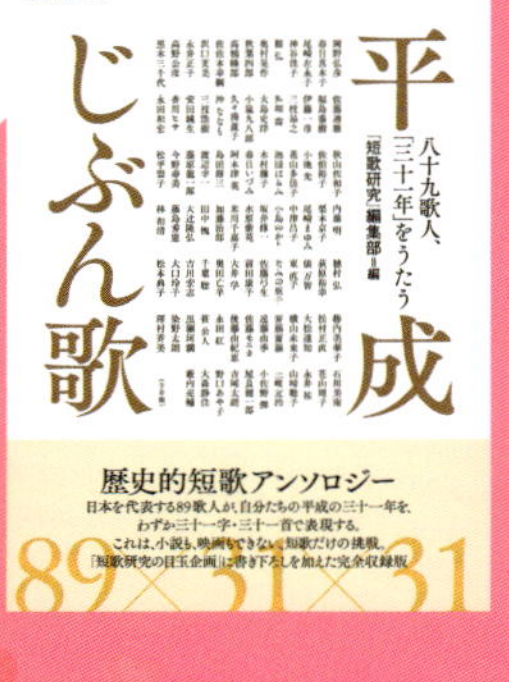

月刊『短歌研究』(2019年4月号)内の連続企画に掲載されたものが単行本に。

『平成じぶん歌』
八十九歌人、「三十一年」をうたう
発行／短歌研究社

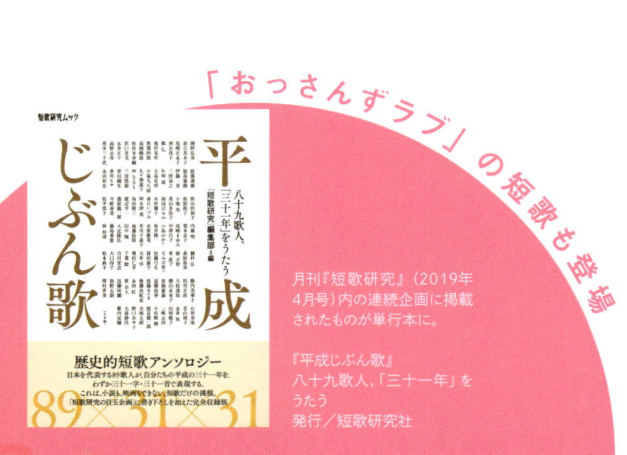

マイマイ&
アッキーが潜入

Maimai & Akki's Report

撮影現場レポート

香港ロケや花火大会、そして爆発まで！　約１カ月にわたった濃密な撮影を、
オフショットをまじえて振り返ります。スタッフによるこぼれ話もお届け。

@香港

アンティーク家具でそろえたおしゃれな部屋も春田にかかれば、汚部屋に。服脱ぎっぱなしは当たり前。

香港での春田's Room

だらしなさは
異国でも健在

愛する
ゾイドはマスト

©TOMY／ZW製作委員会・MBS

キャー、ステキな夜景♥
春田くん、うらやましい

春田、アクションにも挑戦!?

さすが春田さん
ムキムキなだけ
ありますね

指輪を追いかけ香港の街を全力で駆け回る春田。カンフー映画さながらのアクションも披露。

ナイスキャッチ！

すっかり街に
とけこんで
カッコいい!!

2日間の撮影
お疲れさま
でしたー

おいしそうなものも
いっぱいね

もぐもぐ
はるたん発見♥

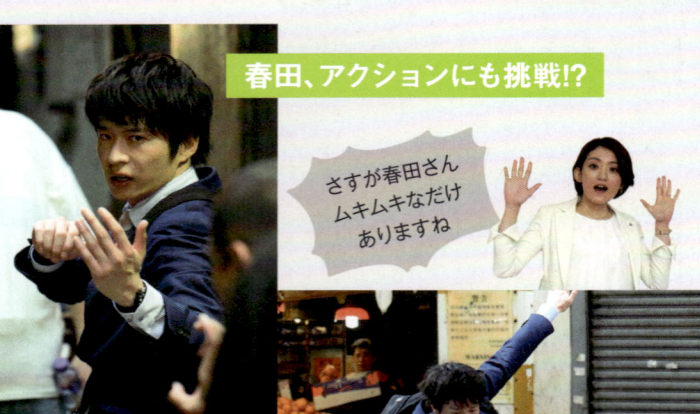

ドラマとの違い、わかるかしら

お母さんの趣味コーナーもそのまま。テーブルに花を飾っているのは牧くん??

@春田家

思わず寝転がりたくなる大きなL字型ソファはそのまま。生活感あふれる、ごちゃごちゃ感が心地いい。

春田くん家って落ち着くわよね

舞香さん、行ったことあるんですか?

ないけど…
ほら、牧くんがね、言ってたから

楽しいはずの食卓が…
不穏な空気??

From STAFF
牧が必ずフルーツを出すのは実家でお母さんがそうしていたから、という設定です。(美術)

これまで何度も一緒に囲んできたテーブル。牧の料理はいつもおいしそう。

春田ママ、ATARU君ってどんな人なんですかー

レシピがいっぱい

牧くんの愛を感じるわね

春田さん、料理中ですか〜?

牧のために料理をするものの、失敗!? 台所でのシーンはこんな風に撮影していました。

真っ黒じゃないですか!!

@わんだほう

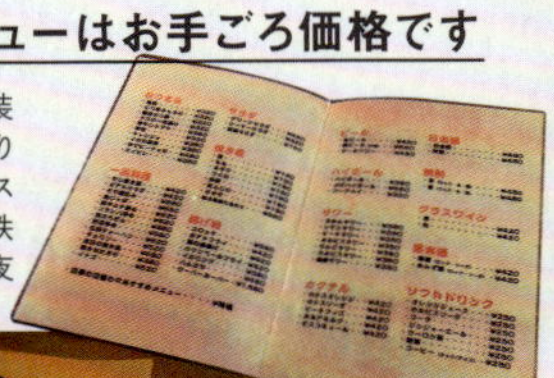

メニューはお手ごろ価格です

実際のお店の内装をいかしながら飾りつけを。新たにステージをつくり、鉄平のライブを毎夜開催。

舞香さん、幸せそう♥

鉄平特製カレー

From STAFF
多国籍風にしたいという監督からのオーダーでお店を決定。ステージもつくりました。(美術)

リニューアルオープンしたのよ

@天空不動産・本社

キャー!
ぶ、部長
そんなに顔を
近づけちゃって

本社なんて入社時の
研修以来かしら

私も、ほとんど
行ったことがないかも

ホッ、な〜んだ。
談笑中ですね

吉田さん、沢村さんともに撮影初日に接近するシーンを撮影。初共演とは思えないほど息がぴったりでした。

狸穴リーダー
ダンディ♡

あらあら牧くん、
もしかして
ウ・ワ・キ!?

本社にいる牧くん、なんだか表情が違うみたい

しっかり仕事を
したまえ!!

ハイ!会長!

会長に直談判へ

営業所メンバーそろい踏み

一列に並び、足並みをそろえて歩くのはけっこう大変でした。

バシッと決まってチェックOK

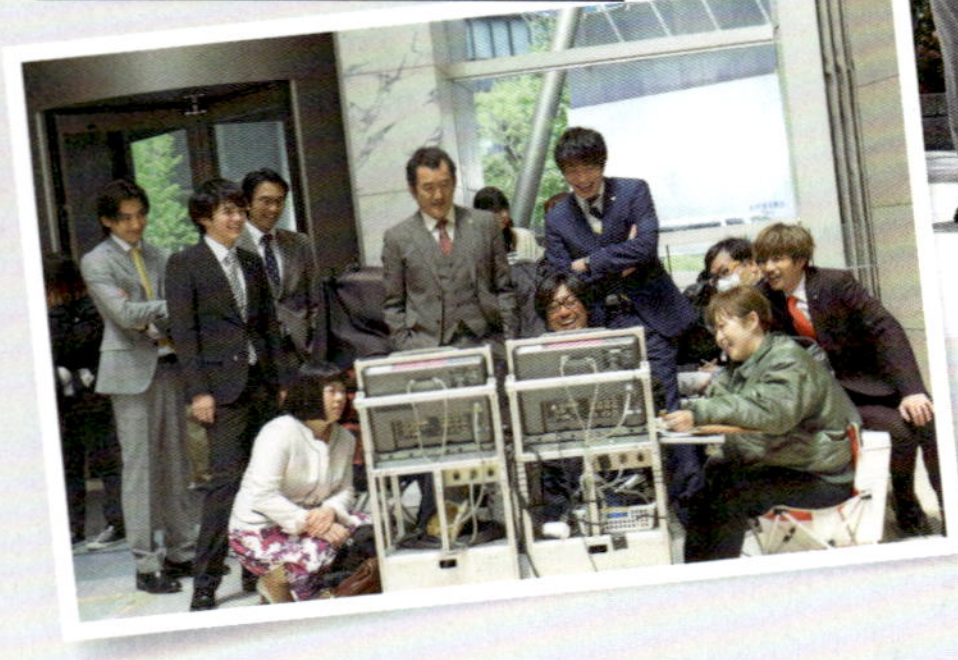

舞香さん、
カッコいい

@東京第二営業所

バトル勃発の予感…

キャスト全員が顔をそろえた貴重な場面。本社側の圧に負けない凛々しい部長の姿が素敵♥

本社の人、怖かったですね…

本社の人が突然きたり、部長が記憶喪失になったり、大変でしたね

地元オーナーさんたちもきて対応に追われたわ

新キャラも登場

クリーンな営業所

開放感のある営業所。グリーンもあり環境にはこだわりアリ。あちこちにてんくぅんがいるので探してね!

主任のキレイ好きは相変わらずです

えーーー

春田さんのリアクション、すごかったです!

もう、ふき出しそうになっちゃった

部長、週末デートの予習ですか

陰からそっと見つめる部長のビーム3連発

ボードの陰から

ブラインド越しに

屋上で

あら、ジャス、オーナーさんと仲良しなの

春田くんも…実は旧知の仲!?

オーナー役の加治将樹さんと田中さんは映画などで共演し、仲良し。

営業って大変なのよねー

営業所はなぜか事件が起きて、いつもドタバタ。仕事って大変です……。

お客様には礼儀正しく!

なぜか粉まみれに

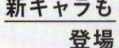

@倉庫

ど迫力の爆発!!

熱風がすごかった〜

私たち、不動産屋なのにとんでもない事件に巻き込まれたわね

ええ、爆発なんて初めての経験でした

倉庫のシーンは3日かけて撮影。絶体絶命のピンチが次々と起こり、ドキドキの展開に。

部長と牧くん、大活躍でしたね

炎が燃え盛るなか、春田救出のため体をはって突き進むふたり。前代未聞の身体能力を発揮していました。

危険なシーンは念入りに打ち合わせ

一発本番のため、全員で動きの確認を。みんな真剣です。

ゆいPさんの菓子、可愛かった〜

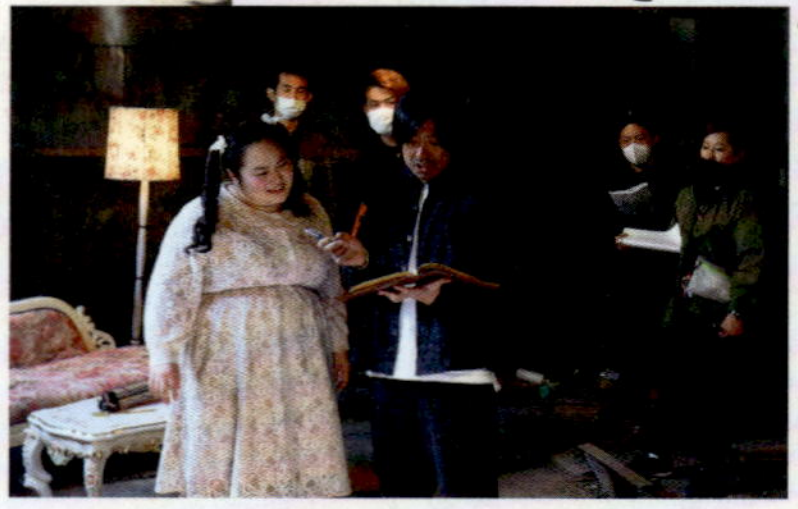

「いつものゆいPさんで」との監督のひと言で緊張がほどけたそう。

@花火大会

寒い中、大勢のエキストラさんが協力してくれました

ありがとうございます!!

リンゴ飴に水飴、綿菓子とお祭りの定番をほおばるはるたん。花より団子タイプです。

幸せそうなふたりを見ていると嬉しくなりますね

From STAFF

牧が持っている巾着の中には財布、ハンカチ、ウエットティッシュが入っています（持ち道具）

本当のお祭り会場みたいに

約200人のエキストラの協力のもと撮影された花火大会のシーン。屋台も全て本物。

熱演にウルウル

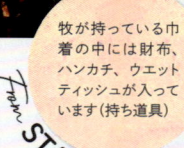

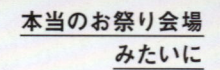

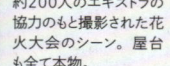

Maimai & Akki's Report

ビジュアル撮影にも潜入してきましたよ

@都内某スタジオ

ポスターやパンフレット用の撮影にもマイマイ＆アッキーが密着。
おめかししたメンバーのカッコいい姿をキャッチ！

新入社員のジャスティスです！決まってる～

キャラクタービジュアルでも話題となったタキシード姿。キラキラの笑顔にノックアウト。

いつもの春田さんじゃないみたい

YES!

ちずちゃん、キャワイ～イ

主任のクール・スマイル素敵ですね

蝶子さんお美しい

お茶目な蝶子さんはもちろんアリ!!

舞香さん、楽しそう

キャー!! やっぱりカッコいい♡

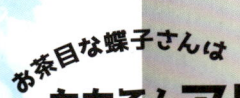

復習

名場面・名言で振り返る

ドラマ「おっさんずラブ」STORY

日本中に大旋風を巻き起こした連ドラ版『おっさんずラブ』より、記憶に残る名シーンの数々をプレイバック。

#1 OPEN THE DOOR

Story ▸ 運命の恋を探すも合コン連敗中でモテない独身男・春田創一。バスで通勤中に痴漢に間違われたところを部長・黒澤武蔵に助けられる。車内が揺れた拍子に黒澤が落とした携帯を見ると、待ち受け画面に映し出されたのは春田の顔写真。さらに勤務中、黒澤のパソコンに隠し撮りされた自分の写真が大量に保存されているのを発見する。時を同じくして、営業所に後輩のエリートイケメン・牧凌太が異動。お互いの利害が一致し、春田の実家でルームシェアをスタートさせるふたり。春田に恋心を気づかれたと確信した部長はついに愛を告白。また部長の春田への想いを知った牧もバスルームで衝動的なキスをするのだった。

トキメキ!?

部長からの告白…

「はるたんが、好きで――――す!!」

♥の照明にも注目

壁ドン

「……好きだ」

#2 けんかをやめて

Story ▸「春田さんが巨乳好きなのは知ってます……でも、巨根じゃダメですか?」。牧にバスルームの中で告白され、唇を奪われた春田。ところが翌朝、何事もなかったようにふるまう牧に春田は戸惑う。そんな中、黒澤はミーティングを装って、お手製のキャラ弁で春田とのランチデートを画策。それを知った牧が現場に現れ、春田を巡ってのラブバトルが開幕。その夜、牧は改めて春田へ告白するも、春田は思わず心ない言葉をぶつけてしまう。一方で黒澤はけじめをつけるため妻・蝶子に離婚を切り出す。寝言でこぼした「はるたん」を「ハルカ」と聞き間違えた蝶子は浮気相手を探すため天空不動産に乗り込むのだった。

俺のためにケンカするのはやめてください

うつぶせで寝る～！

かわいすぎる！存在が罪～！

名言

「好きになっちゃいけない人なんて、いないんじゃないかしら」(舞香)

お前が必要なんだよ

＼あったじゃーん／

お前が俺を、シンデレラにしたんだ

#3 君の名は

Story ▸ 黒澤部長の妻・蝶子が天空不動産で一人暮らし用の物件探しを依頼。黒澤の妻だと知らないまま春田は蝶子を物件内覧へと案内する中、蝶子から社内に「ハルカ」という女がいるか調べてほしいと依頼される。営業所では同僚たちが「熟年離婚！別居?」と大騒ぎし、春田は離婚原因が自分にあるのでは?とパニックに。蝶子からは離婚にまつわる事情を打ち明けられつつ、協力を求められてしまうお人好しの春田。板挟み状態が続く中、蝶子は黒澤がしたためていた「はるたん観察日記」を見つけて、春田をファミレスに呼び出す。蝶子を探しにきた黒澤がその場に合流し、ついに衝撃の事実を明かすのだった。

はるたん、会いたくて、
会いたくて、震えちゃった

……はるたんです

き、君の名は…

ドロドロ、フゥ～

#4 第三の男

Story ▸ 黒澤の意中の相手が、まさかの春田であったことに打ちのめされる蝶子。春田も人生最大の修羅場にうろたえる中、謎多き上司・武川が不自然なほどに距離をつめてくる。それをアプローチと感じた春田は、営業所メンバーが参加するパーティーの席で幼なじみのちずに彼女のフリをしてもらうことで牽制を図る。思わずドキドキしてしまう春田だったが、ふとした拍子にテーブルの下で手を繋ぐ武川と牧を目撃。一方で、蝶子は春田を訴えると宣戦布告。「あいまいな態度が人を傷つける」と牧に諭された春田は、黒澤に恋愛対象ではないことを告げた。その最中、詐欺トラブルでちずが春田の家に身を寄せる。ふたりの雰囲気を感じ取った牧は、家を出ようとするも春田から引き止められて……。

「こんな俺を好きになってくれて、
ありがとうございます」

高速パタパタが
話題に

ルームシェア
してるんだってな

バック
ハグ!?

行くなって！

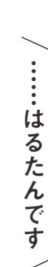

「彼氏がクソダサイとか、俺ちょっと耐えられないんで」(牧)

初デート♥

#5 Can you“Coming Out”?

Story ▸ 同居を解消しようとする牧を本能的に引き止めた春田は動揺。牧からは「春田さん、僕とつき合ってください」と告白され、うっかり「はい」と返答してしまう。ところが“つき合う”がどういうことかイマイチ把握できない春田はふわふわしたまま。牧の元彼・武川にも、その気がないなら牧から手を引いてくれと土下座されてしまう。そんな中、天空不動産には人気俳優と女優のカップルからの物件探しという極秘案件が舞い込む。世間から隠れてつき合う葛藤を抱えていたカップルは、ひょんなことから春田と牧の関係を知り、交際宣言の会見を開く。それに感化された春田もまた、職場で牧との交際を宣言する。

俺は春田さんにとって
恥ずかしい存在なんですか？

サラダは？
俺のときはあったけどな

蝶子、30年間、
ありがとう

最後のデート

#6 息子さんを僕にください！

Story ▸ 春田の唐突な交際宣言をスルーして、「意味がわからないです」とその場を去ってしまう牧。一方、自分がフラれた理由が“男だから”ではないと知った黒澤は、“打倒・牧凌太”を掲げ再アプローチを開始する。風邪で会社を休んだ牧を武川が見舞いにきた際、春田との交際を否定した理由を問いただすと「このままつき合って春田さんは本当に幸せなのか」と本音をこぼす。その後、突然の提案で牧の実家へ交際相手として挨拶に行くも、父親の大反対にあう。その帰り道、恋心に気づいたちずが春田を呼び出して涙の告白。春田が思わずちずを抱き寄せる光景を目撃した牧は、身を引くのが春田のためと気持ちを押し殺して別れを告げる。

再アプローチ

2番目の男でもいいです

春田さんといても
苦しいことばっかりです。

僕は男性が好きなんです

お父さんには言ってなかったけど……

好きだったみたい

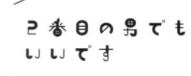

#7 HAPPY HAPPY WEDDING!?

Story ▸ 牧と別れてから1年。春田はなぜか黒澤と同棲生活を送っていた。そんなある日、春田は上海での新規プロジェクトのメンバーに選ばれ、転勤を決意。その直後、黒澤から熱烈なフラッシュモブ作戦でプロポーズされ、案の定うっかり承諾してしまう。その情報はまたたく間にみんなに知れ渡り、武川もちずも牧に「春田と本当にこのままでいいのか」と問いかける。意を決した牧は、もう一度春田と話し合うため約束を取りつけるがすれ違ったまま、春田と部長の結婚式の日を迎えてしまう……。ところが誓いのキスの瞬間、春田の脳裏に浮かぶのは牧の顔だった。春田の気持ちに気づいていた黒澤は、笑顔で春田を送り出す。春田は旅に出ようとしていた牧を見つけ出し、不器用ながら精一杯想いをぶつける。春田と牧、ふたりの気持ちがやっと重なったのだった。

僕と、結婚してください！

は、は、はい、
ぼ、僕でよけ、れば……

「相手の幸せのためなら、
自分は引いてもいいとか、どっかのラブソングかよ。
……そんなに綺麗事じゃねえだろ、恋愛って」

「じゃあ、何で別れた？」（ちず）

「……好きだから
本当に好きな人には、
幸せになって
もらいたいじゃないですか」（牧）

はるたん、
神様の前で、ウソはつけないよね

**俺はお前と、
絶対一緒にいたい!!
だから……
俺と結婚して
くださ――いっ**

ラブコレクションだお

LOVE COLECTION

映画に登場するLOVEなアイテムをピックアップ。公式グッズとして買えるものもあるので、映画のHPをチェックしてみて！

Love & Peace なペアマグカップ

ゆる可愛なうさぎが春田のHと牧のMを表現。同棲生活に必須のペアアイテムです。

冷蔵庫や壁に貼られた生活ルールメモ

電気つけっぱなし、皿洗いしない春田への注意喚起が部屋のいたるところに。

健康を考えた愛情たっぷり料理

フルーツはマストです

ラタトゥイユに目玉焼きをトッピング。食べやすいようカットしたフルーツに愛をこめて。

春田のゾイドLOVEは継続中

©TOMY

上海や香港にも連れていくほどハマっているゾイド。これだけはきれいに飾っている模様。

春田も料理に目覚めたか…!?

忙しい牧のためにから揚げをつくろうと手にしたレシピ本。これからは、ひとりでできるかな。

牧の愛読書!?

ドラマの6話で牧が読んでいた文庫本を発見。チワワの装丁には遊び心がギュッとつまっています。

はるたんパンツコレクション

見たい？ 見たくない!?

青で統一された春田のパンツ。個性的な柄を選びがち。脱ぎっぱなしの癖は直らない!?

キラリと光る指輪

春田が香港で買った指輪は無事、牧のもとへ。愛を誓った指輪もふたりの薬指に輝いている。

「部長お手製セーター」

記憶喪失後、再び春田に思いを寄せる部長。ハートに「はる・ぽん」の文字を入れた昭和ルック。

サウナdeラブ!?

オリジナルタオル

大バトルが繰り広げられたサウナがある「仙人掌の湯」のキャラクターにも注目です。

「てんくぅんに仲間が増えたよ」

よろしくね

営業所のメンバーをイメージしたキャラクターが登場。シールやマスキングテープも発売中。

幸運を招く! かもしれないキーホルダー

「てんくぅんグッズもいっぱい!」

営業所のどこかにいるよ。探してね。

営業所には箱ティッシュなどおなじみのグッズが並びます。マグカップも欲し〜い!

・LOVEなスマイルもてんこ盛り・

ジャスと薫子の結婚式に参列。ハッピーが伝染してみんなが笑顔に。LOVE & PEACE!

速水会長のご令嬢・薫子を演じたゆいPさん。大役を終えて、ほっとひと安心の笑顔です。

妖艶な魅力を放つ狸穴リーダー。パープルのバスローブもキマってます。

蝶子さんとマロの屋形船デートを激写。年の差を超えたベストカップル。

劇場版おっさんずラブ ～LOVE or DEAD～

〈BOOK スタッフ〉
写真　酒井貴生（aosora）
小島真也
桂 修平
マガジンハウス　中島慶子
大嶋千尋
大内香織

イラスト　松井晴美

編集協力　岩淵美樹
長嶺葉月

デザイン　マーグラ　山谷吉立
西澤幸恵
藤原裕美
今川柚子
田中清賀
西村花菜

DTP　アド・クレール

SPECIAL THANKS　OL民のみなさん

劇場版おっさんずラブ ～LOVE or DEAD～
オフィシャルBOOK

2019年8月23日　第1刷発行

著者　2019「劇場版おっさんずラブ」製作委員会
発行者　鉄尾周一
発行所　株式会社マガジンハウス
〒104-8003
東京都中央区銀座3-13-10
書籍編集部　☎03-3545-7030
受注センター　☎049-275-1811

印刷・製本所　大日本印刷株式会社

ISBN978-4-8387-3065-0 C0074

製作総指揮　早河 洋
製作統括　亀山慶二
製作　西 新・市川 南・佐藤政治
堀 義貴・細野義朗・清水厚志
エグゼクティブプロデューサー　佐々木 基
Co.エグゼクティブプロデューサー　赤津一彦
チーフプロデューサー　桑田 潔
ゼネラルプロデューサー　三輪祐見子
プロデューサー　貴島彩理・村上 弓
神馬由季・松野千鶴子

撮影　髙野 学
映像　高梨 剣
照明　坂本 心
録音　池谷鉄兵
音響効果　北田雅也
選曲　岩下康洋
編集　神崎亜耶
スクリプター　松田理紗子
VFXスーパーバイザー　鎌田康介
美術　丸山信太郎
セットデザイン　加藤周一・飛田 幸
装飾　安部俊彦
衣裳　佐久間美緒
ヘアメイク　花村枝美

宣伝プロデューサー　稲垣 優
音楽プロデューサー　野口 智
監督補　三木 茂
助監督　松下敏也
制作担当　中村 哲
ラインプロデューサー　鈴木嘉弘

製作　「劇場版おっさんずラブ」製作委員会
制作プロダクション　アズバーズ
製作幹事　テレビ朝日
配給協力　アスミック・エース
配給　東宝　@2019「劇場版おっさんずラブ」製作委員会

公式本ツイッター

本を作る過程や出演者の貴重なオフショットまで
ツイート。ぜひフォローしてください！

〈キャスト〉
田中 圭
林 遣都
内田理央
金子大地
伊藤修子
児嶋一哉
・
沢村一樹
志尊 淳
・
眞島秀和
大塚寧々
吉田鋼太郎

〈スタッフ〉
監督　瑠東東一郎

脚本　徳尾浩司

音楽　河野 伸

主題歌　スキマスイッチ　「Revival」
（AUGUSTA RECORDS/UNIVERSAL MUSIC LLC）

POSTCARD

劇場版
おっさんずラブ
LOVE or DEAD

POSTCARD

劇場版
おっさんずラブ
LOVE or DEAD

© 2019「劇場版おっさんずラブ」製作委員会／マガジンハウス

POSTCARD

劇場版
おっさんずラブ
LOVE or DEAD

© 2019「劇場版おっさんずラブ」製作委員会／マガジンハウス

POSTCARD

劇場版
おっさんずラブ
LOVE or DEAD

© 2019「劇場版おっさんずラブ」製作委員会／マガジンハウス

POSTCARD

劇場版
おっさんずラブ
LOVE or DEAD

POSTCARD

劇場版
おっさんずラブ
LOVE or DEAD

© 2019「劇場版おっさんずラブ」製作委員会／マガジンハウス

POSTCARD

劇場版
おっさんずラブ
LOVE or DEAD

© 2019「劇場版おっさんずラブ」製作委員会／マガジンハウス

POSTCARD

劇場版
おっさんずラブ
LOVE or DEAD

© 2019「劇場版おっさんずラブ」製作委員会／マガジンハウス

POSTCARD

劇場版
おっさんずラブ
LOVE or DEAD

POSTCARD

劇場版
おっさんずラブ
LOVE or DEAD

© 2019「劇場版おっさんずラブ」製作委員会／マガジンハウス

POSTCARD

劇場版
おっさんずラブ
LOVE or DEAD

© 2019「劇場版おっさんずラブ」製作委員会／マガジンハウス

POSTCARD

劇場版
おっさんずラブ
LOVE or DEAD

© 2019「劇場版おっさんずラブ」製作委員会／マガジンハウス

POSTCARD

劇場版
おっさんずラブ
LOVE or DEAD

POSTCARD

劇場版
おっさんずラブ
LOVE or DEAD

©2019「劇場版おっさんずラブ」製作委員会／マガジンハウス

POSTCARD

劇場版
おっさんずラブ
LOVE or DEAD

©2019「劇場版おっさんずラブ」製作委員会／マガジンハウス

POSTCARD

劇場版
おっさんずラブ
LOVE or DEAD

©2019「劇場版おっさんずラブ」製作委員会／マガジンハウス